LA TENTATION DE L'HOMME-DIEU

DU MÊME AUTEUR

La Philosophie, Larousse, 1993.
La Souffrance. Recherche du sens perdu, Gallimard, 1997.
Cassirer. La politique du juste, Michalon, 1998.
Pour une école du savoir, Milan, 2000.
La Mort interdite, J.C. Lattès, 2001.
Voyage au bout d'une vie, Bartillat, 2004.
La Foi ou la nostalgie de l'admirable, Albin Michel, 2004.
Le Philosophe et la Vie, entretiens avec Rachel et Alphonse Goetmann, Desclée de Brouwer, 2005.
Le Silence de Dieu, Les Presses de la Renaissance, 2006.
Une vie pour se mettre au monde, en collaboration avec Marie de Hennezel, Carnets Nord, 2010.
Retour à l'émerveillement, Albin Michel, 2010.
Sommes-nous libres ?, en collaboration avec Henri Atlan, Salvator, 2012.
Le Troisième Jour, en collaboration avec Marc Couturier, Gallimard, 2012.
Deviens qui tu es. Quand les sages grecs nous aident à vivre, Albin Michel, 2014.

Dans la collection « Les Essentiels »,
aux éditions Milan

Platon, 1995.
Kant ou l'invention de la liberté, 2001.
Hegel ou la défense de la philosophie, 2001.
Nietzsche ou la passion de la vie, 2001.
Heidegger ou l'expérience de la pensée, 2001.
Aristote ou l'art d'être sage, 2003.
Saint Augustin ou la découverte de l'homme intérieur, 2005.
Pascal ou l'expérience de l'infini, 2007.
Descartes ou l'héroïsme de la modernité, 2008.
Montaigne ou la vie comme chef d'œuvre, 2009.

(suite en fin d'ouvrage)

Bertrand Vergely

La tentation de l'homme-Dieu

LE PASSEUR
ÉDITEUR

www.lepasseur-editeur.com

ISBN : 978-2-36890-362-9
ISSN : 2273-8088

INTRODUCTION

Un faux ami de l'homme

La démocratie, qui s'efforce de respecter l'homme en garantissant à celui-ci liberté, égalité ainsi que sécurité, est un régime précieux qu'il s'agit de préserver. De ce fait, il importe de noter que deux choses peuvent lui nuire. La première réside dans ses ennemis, ceux-ci étant aujourd'hui les extrémistes religieux. La seconde réside dans ses faux amis, ceux-ci étant ceux qui, sous prétexte de la servir, ont un rapport irresponsable à la liberté, à l'égalité ainsi qu'à la sécurité, qu'ils utilisent de façon cynique pour leurs intérêts personnels. Une citadelle périssant toujours de l'intérieur, c'est à ces faux amis de l'homme et de la démocratie qu'il importe de s'intéresser en priorité.

Vous l'avez rencontré. Vous le rencontrez tous les jours, mais vous ne savez pas que c'est lui, parce qu'il est partout, en vous, mais aussi autour de vous. Vous hésitez à prononcer son nom, parce que vous avez peur de passer pour un fou si vous le faites. Aussi vous taisez-vous à son sujet en faisant comme s'il n'existait pas. Ce qui n'est pas une solution. Si vous l'oubliez, lui ne vous oublie pas.

Il s'appelle l'homme-Dieu, et il est l'homme qui a décidé de se prendre pour Dieu. Quand il intervient, cela commence toujours bien et cela finit toujours mal, sa spécialité consistant à prendre le bien, le beau et le vrai et à les dégrader, de façon à ce que vous désespériez de ceux-ci en pensant qu'ils n'existent pas et que l'on s'est moqué de vous en vous faisant croire qu'ils existaient. Comme il vous a fait souffrir, vous voudriez pouvoir le saisir afin de l'empêcher définitivement de nuire, mais vous ne le pourrez pas, parce qu'il est votre double, il est celui de chacun d'entre nous.

Peut-être avez-vous entendu cette parole biblique disant que l'homme a été fait à l'image de Dieu. Peut-être avez-vous écouté ce commentaire expliquant que l'image de l'homme est tellement belle qu'il faut dépasser la condition humaine pour la rencontrer. « L'homme passe l'homme », rappelle Pascal[1]. Si vous trouvez cette pensée profonde, sachez que l'homme-Dieu ne la supporte pas, celui-ci étant, comme Edgar Poe, « révolté à l'idée qu'il puisse y avoir un être supérieur à lui dans l'univers[2] ». Détestant Dieu parce qu'il veut prendre sa place, il n'a qu'une hâte : effacer la parole disant que l'homme a été fait à l'image de Dieu en la remplaçant par celle disant qu'il se fait à l'image de lui-même et de rien d'autre. D'où son goût pour le rien ; qu'il n'y ait rien à part lui, lui permet d'être tout.

Le monde qui est le nôtre pense que l'humain est le contraire de l'inhumain. Aussi oppose-t-il l'humanisme au nihilisme. Quand l'homme-Dieu se saisit de

1. Blaise Pascal, *Pensées*, éd. Lafuma, pensée n° 131, Éd. du Seuil, 1978, p. 73.
2. Isabelle Viéville Degeorges, *Edgar Allan Poe*, Léo Scheer, 2010, p. 9.

l'humanisme, l'humain cesse d'être l'opposé de l'inhumain pour devenir l'inhumain, et l'humanisme cesse de s'opposer au nihilisme pour devenir le nihilisme. Ainsi, vous vous demandez pourquoi aujourd'hui, dans notre société, la liberté, l'égalité et la sécurité deviennent des valeurs folles ? C'est l'homme-Dieu qui en est la cause. Par le passé, lorsque le christianisme guidait le monde, c'est lui qui a transformé cette religion d'amour en religion de pouvoir. Par la suite, lorsque l'humanisme s'est mis à diriger le monde, c'est lui qui l'a transformé en un régime totalitaire, comme en témoigne la terreur lors de la Révolution française ou lors du communisme stalinien. On croit que l'homme-Dieu disparaît. En fait, il change de visage. Lorsque le monde connaît des révolutions destinées à libérer les peuples des dictateurs qui les asservissent, l'homme-Dieu transforme celles-ci en machines à opprimer.

Afin de faire des adeptes, l'homme-Dieu a une arme favorite : la propagande sournoise. Allumez la radio ou la télévision. Vous allez l'entendre. Ainsi, quand vous parlez individu, droits, souci de soi, vous croyez parler votre langage. En fait, vous parlez le sien. Cela vient de ce que, sans vous en rendre compte, vous avez adopté ses valeurs à travers un certain nombre de formules qui semblent aller de soi. Cela se voit quand il s'agit de penser la démocratie. Interrogez votre entourage à son sujet. Tout le monde ou presque vous répondra qu'elle réside dans ce régime qui permet à chacun de faire ce qu'il veut. Tout le monde ou presque vous dira qu'elle est un droit et nullement un devoir. Tout le monde ou presque fera d'elle un produit de consommation en ayant oublié qu'elle n'est pas le gouvernement des hommes mais celui des dieux, et qu'elle s'acquiert par la vertu et non par la licence. Comme le dit Rousseau : « S'il y avait un peuple de dieux, il serait gouverné démocratiquement. Mais un gouvernement si parfait ne convient pas aux hommes[1]. » Comme le dit aussi Montesquieu : « Dans un État populaire, il faut un ressort de plus qui est la *vertu*[2]. »

L'homme-Dieu est fort. Toutefois, ne pensons pas qu'il est invulnérable. Dans *La République*, Platon raconte l'histoire de Gygès, ce berger qui, ayant découvert un anneau capable de le rendre invisible, l'utilise pour prendre le pouvoir dans la Cité et devenir un tyran[3]. Gygès est fort tant qu'il est invisible. Quand il est visible, son pouvoir disparaît. L'homme-Dieu est comme Gygès. Tant que son nom n'est pas prononcé, il est fort. Dès qu'il l'est, son pouvoir se dissipe. D'où l'importance de le nommer afin de le démasquer.

Le judaïsme enseigne que, Dieu n'étant pas une idole mais l'Autre avec un grand A, s'il n'existait pas, il faudrait l'inventer, Dieu permettant aux hommes d'éviter de délirer sur eux-mêmes. Force est de constater que la postmodernité, comme elle ne croit plus en Dieu, pense que l'homme explique tout. Comme elle pense que l'homme explique tout, elle fait de celui-ci un Dieu. Comme elle fait de celui-ci un Dieu, elle entend installer le règne sans partage de l'illimité, de l'égalité et de la sécurité afin de sauver le monde. Certains s'en réjouissent. Cela est grave. Si tel est le cas,

---

1. Jean-Jacques Rousseau, *Du contrat social*, livre III, chap. 4, Flammarion (coll. « GF »), 2001, p. 107.
2. Montesquieu, *De l'esprit des lois*, première partie, livre III, chap. 3, Garnier Frères, 1973, p. 26.
3. Platon, *La République*, trad. G. Leroux, livre II, 359 c, Flammarion (coll. « GF »), 2007, p. 123.

folle d'elle-même, l'humanité sera l'otage des délires de l'homme-Dieu, et le monde connaîtra un chaos tel qu'on n'en a jamais connu.

Nous pouvons devenir les victimes de l'homme-Dieu. Nous pouvons aussi ne pas le devenir. Il suffit pour cela de cesser de croire naïvement qu'il est la définition de l'homme et que le règne sans partage de l'illimité, de l'égalité et de la sécurité qu'il prétend installer est la clef de la liberté, de la justice et du bonheur.

1
La fabrication de l'homme-Dieu

Être positif !

L'homme-Dieu est proche de nous. Très proche. Il suffit d'écouter les nouvelles pour le voir apparaître.

24 décembre 2014, *Paris Match* publie un article à propos d'un neurochirurgien italien, Sergio Canavero, dont le projet est de transplanter, d'ici 2017, la tête d'un homme sur le corps d'un autre homme afin de soigner certaines maladies neurologiques graves. Très sûr de lui quant à la réussite de cette transplantation, le neurochirurgien n'hésite pas à déclarer que celle-ci va ouvrir la possibilité de fabriquer un homme éternel[1].

23 avril 2013, l'Assemblée nationale française adopte la loi ouvrant la possibilité aux personnes de même sexe de se marier et d'adopter un enfant. Le mariage homosexuel est reconnu comme étant un mariage, au même titre que le mariage hétérosexuel qui existait jusqu'alors.

Février 2005. À la demande de Jacques Chirac, président de la République, le Parlement réuni en Congrès

---

1. *Paris Match,* n° 3423 du 24 au 30 décembre 2014, p. 95-96.

décide de faire inscrire le principe de précaution dans la Constitution. Ce principe vise à protéger les personnes face à des prises de risque inconsidérées en recourant à la prévention ainsi qu'à la sanction des responsables d'un manquement à ce principe.

Quand on survole ces nouvelles, celles-ci semblent normales. Lutter pour allonger l'espérance de vie, être tolérant en donnant les mêmes droits à tous en matière de mariage, et protéger la vie humaine en obligeant la société à prendre ses responsabilités à tous les niveaux, qu'est-ce sinon l'expression d'un véritable humanisme ? Certes, en finir avec la mort, permettre le mariage homosexuel et faire de la précaution un principe constitutionnel est révolutionnaire. Mais, il faut être *positif*. C'est en étant révolutionnaire que l'on fait avancer les choses. Quand on ne l'est pas un peu, rien ne bouge.

Prenons maintenant le temps de nous pencher sur ces nouvelles. Autre chose apparaît. Quand un neurochirurgien déclare qu'il va fabriquer un homme éternel en greffant la tête d'un homme sur le corps d'un autre homme, son souci n'est pas simplement de venir au secours de la souffrance humaine. Écoutons ce qu'il dit. Il a comme projet d'ouvrir la porte à un homme éternel. On n'est plus dans le registre de la médecine, mais dans autre chose.

Alors que le propre de l'homme est d'être mortel, la caractéristique de Dieu est de ne pas mourir. Décider de fabriquer un homme éternel, c'est avoir comme projet de supprimer le fossé séparant l'homme de Dieu afin que l'homme devienne comme Dieu, un être éternel. En Occident, dans la tradition chrétienne, il est dit que l'homme est appelé à connaître la vie éternelle. Mais, c'est Dieu qui lui donnera celle-ci à travers le Christ, son Fils, qui a vaincu la mort. Vouloir dès maintenant fabriquer un homme éternel, c'est se substituer à Dieu en prenant la place du Christ. C'est vouloir remplacer le Dieu fait homme par l'homme-Dieu. C'est vouloir établir le Christ avant le Christ en instaurant le règne de l'Antéchrist.

De même, quand un Parlement décide de légaliser le mariage ainsi que l'adoption pour un couple homosexuel en lui reconnaissant les mêmes droits que ceux que possèdent les couples hétérosexuels, en apparence, on est dans l'égalité des droits au nom de la tolérance. En profondeur, on est dans autre chose. Deux hommes, deux femmes ne sont pas la même chose qu'un homme et une femme. De même, une famille fondée sur un homme et une femme et une famille fondée sur deux hommes ou deux femmes ne sont pas la même chose, la famille fondée sur un homme et une femme offrant un père et une mère à l'enfant alors que deux hommes lui offrent deux pères et pas de mère et deux femmes deux mères et pas de père. Dans ces conditions, décréter que désormais tous les couples se valent, c'est supprimer la différence sexuée et installer la toute-puissance de la loi face à la réalité.

Enfin, quand un Congrès décide de faire inscrire le principe de précaution dans la Constitution, on n'est plus dans le registre de la protection des personnes humaines mais, là encore, dans autre chose. Il est impossible de tout prévoir. L'aléa fait partie de la vie. La fatalité également. Si désormais l'aléa et la fatalité sont anticonstitutionnels, pour respecter la Constitution il n'y a qu'une solution : supprimer la vie et mettre la société entière sous surveillance.

Dieu est l'Autre par rapport à l'homme. La réalité est l'Autre par rapport à la loi. La vie est l'Autre par rapport au pouvoir de contrôle. Supprimons Dieu, la réalité et la vie pour les remplacer par l'homme, la loi et le pouvoir, nous passons dans un autre monde : celui du nihilisme avec la disparition de Dieu, celui de la folie avec la disparition de la réalité, et celui de la mort avec la disparition de la vie. La postmodernité aurait dû en tenir compte avant de se lancer dans l'entreprise de ne plus envisager les choses que sous l'angle de l'homme, de la loi et du pouvoir. Elle a fait le contraire, et elle persiste parce qu'elle s'imagine que de tels projets vont assurer la liberté, le respect et le bonheur du genre humain. Si bien que notre monde est en train de se précipiter dans une logique de nihilisme, de folie et de mort. Ce qui n'est pas un hasard. Quand on se laisse guider par l'homme-Dieu, il est fatal qu'on en arrive là.

Quand Dieu se fait homme

Pour comprendre ce qu'est l'homme-Dieu, il est important de comprendre ce qu'est son contraire, à savoir le Dieu fait homme. Dans la tradition chrétienne, celui-ci désigne le Christ. On le considère habituellement comme un personnage historique proprement chrétien. En fait, il dépasse le plan historique ainsi que l'héritage chrétien en étant une expérience qui concerne tout le monde.

Dans toutes les civilisations du monde, depuis la nuit des temps, les êtres humains pensent que la vie ne se réduit pas à ce que nous voyons à savoir la nature et l'homme. Il y a autre chose, disent-ils, cette autre chose étant cette source mystérieuse de vie qui fait que ce qui existe *existe*. Nous ne venons pas de rien. C'est ce que signifie Dieu, que les philosophes comme Aristote traduisent par l'idée de cause première. C'est ce que nous exprimons quand nous disons que les choses n'ont pas pu venir du hasard. Si Dieu correspond à l'idée que l'on ne vient pas de rien, il renvoie aussi à l'idée que l'on ne va pas vers rien. La vie est appelée à aller loin. Enfin, dernière idée, si nous ne venons pas de rien, nous ne sommes pas là pour rien. De fait, rien n'est là pour rien. D'où la pertinence de la notion de sens et, avec elle, de celle de projet dans l'univers, dans l'homme, dans notre vie. La preuve : nous avons envie d'aller loin. Quelque chose en nous nous pousse à aller loin. D'où le sens de Dieu comme source de vie avant nous, comme élan au-delà de nous, comme souffle de vie voulant toute chose vivante, en hébreu *ruah*. Un souffle dont nous faisons l'expérience à chaque fois que nous vivons en profondeur. Ainsi, quand nous contemplons la beauté du monde, nous pensons être deux. De fait, nous sommes trois. S'il y a le monde, s'il y a nous et notre conscience du monde, il y a la conscience de cette conscience. Cette étincelle de lumière fait que nous sommes présents au monde et que le monde nous est présent. Karl Jaspers l'appelle l'englobant[1]. Présent dans notre cœur, il fait que tout a une présence. C'est ce que l'on peut appeler Dieu. Un océan de présence. Entrons dans cette présence qui est au cœur de nous-mêmes. Nous entrons dans

1. Karl Jaspers, *Introduction à la philosophie*, trad. J. Hersch, 10-18, 1985, p. 27.

le cœur de tout. Entrons dans le cœur des choses et des êtres. Nous entrons dans le cœur de nous-mêmes. Quand tel est le cas, le Christ se révèle.

Il est courant de ne voir en lui qu'un personnage historique porteur d'un message d'amour. Si ce n'est pas faux, en rester là fait passer à côté de son autre aspect, son aspect ontologique, fondamental, touchant à l'être même des choses, des êtres, de l'existence et de la vie. Quand l'infini nous touche et que ce qui vit dans notre cœur nous semble rejoindre l'infini, Dieu n'est pas simplement une source et un élan, mais un lien allant de l'intime à l'immense et de l'immense à l'intime. C'est ce que veut dire le Christ ontologique. La tradition chrétienne l'appelle le Verbe fait chair. « Dieu sensible au cœur », dit Pascal[1]. Oui, Dieu sensible au cœur. Quand on se laisse habiter par le sentiment de la présence, l'infini se met à vibrer en nous, et quelque chose de nous se met à vibrer dans l'infini. Si bien qu'il existe un lien entre nous, ici, sur terre, dans le monde visible, et un monde invisible. Cette descente du ciel en nous dans notre terre intérieure, cette montée de notre terre intérieure jusque dans le ciel, est ce que l'on appelle le Christ. Les Anciens pensaient que quelque chose lie tout, et appelaient ce quelque chose le *Logos*. Pour le christianisme, le Christ est le *Logos* des Anciens. Principe vertigineux. Tout le visible que nous voyons autour de nous est lié à une source invisible, et tout ce qui est invisible est lié au visible. Tout étant ainsi lié, tout est agissant en témoignant de la descente du ciel sur la terre et de la montée de la terre vers le ciel. Si bien qu'une

1. Blaise Pascal, *Pensées*, pensée n° 110, *op. cit.*, p. 66.

énergie inouïe active chaque parcelle de l'univers de l'intérieur, tout comme le Verbe active les mots afin de créer une phrase. D'où la notion de Verbe et, avec elle, de Verbe fait chair et de Dieu fait homme. Si Dieu est le souffle inconscient qui active chaque chose, avec l'homme, il devient conscient. C'est dire l'importance de l'homme. C'est dire également l'humilité de Dieu, celui-ci voulant la plénitude avec l'homme et non sans lui. Ce que saint Irénée traduit bien quand il écrit que « Dieu s'est fait homme afin que l'homme devienne Dieu[1] ».

Quand nous vivons de tout notre être, quand la présence infinie de l'existence nous saisit des pieds à la tête, quand nous sommes embrasés par cette présence en devenant un feu, quand le cœur ou centre de nous-mêmes se met à résonner avec le cœur de chaque chose, c'est ce qui se passe. Le ciel entrant en nous tandis que nous entrons en lui, nous vivons le Dieu fait homme ou Christ. Nous sommes ce Dieu fait homme. Nous comprenons dès lors que le Christ ait pu dire « Je suis la Vie[2] » ou bien encore « Nul ne peut aller vers le Père sans passer par moi[3] ». Comme nous comprenons que saint Augustin ait parlé de lui comme de cet « étrange étranger plus intime à moi-même que moi-même[4] ». C'est ainsi, il a été donné à l'homme de pouvoir réaliser quelque chose de divin, l'humilité de Dieu lui permettant

1. Irénée de Lyon, *La gloire de Dieu c'est l'homme vivant*, trad. J. Rousseau, Éd. du Cerf, 2000, p. 63.
2. Jean 14, 6.
3. *Ibid.*
4. Saint Augustin, *Les Confessions*, trad. J. Trabucco, livre X, chap. v, Flammarion (coll. « GF »), 1967, p. 206.

de devenir comme lui. De ce fait, il n'est pas délirant ni présomptueux de penser que l'homme et le divin sont liés, mieux qu'il doit y avoir un lien entre l'homme et le divin.

Quand l'homme se fait Dieu

S'il y a le Dieu qui se fait homme, il y a l'homme qui se fait Dieu. Au cours de l'histoire celui-ci a pris quatre formes à travers les quatre humanismes que le monde occidental a connus et connaît encore.

Le premier, qui consiste à créer sans Dieu, est l'humanisme du *héros.* Apparu à la Renaissance, fondé sur le retour à la Grèce antique, celui-ci oppose l'aventurier qui s'humanise en conquérant le monde au saint qui se sanctifie pour accéder à la vie éternelle dans l'au-delà. À l'époque, cet aventurier donne le prince-mécène comme Laurent le Magnifique, tour à tour chef de guerre, protecteur des arts et des lettres, grand amateur de femmes et de mignons, commerçant, entrepreneur, bâtisseur. Figure étonnante, pleine d'énergie, créatrice de royaumes terrestres. Figure toujours présente dans notre monde à travers le capitaine d'industrie, le brasseur d'affaires, le sportif de haut niveau ou l'aventurier des mers et des sommets. Apparemment sans religion, il en a une. Celle de la sculpture de lui-même, comme le souligne Michel Onfray à travers le portrait du *Condottiere* de la Renaissance, toujours actuel, qu'il dresse dans son ouvrage *La Sculpture de soi*[1].

---

1. Michel Onfray, *La Sculpture de soi,* Le Livre de Poche, 1998.

Le deuxième humanisme, qui consiste à être libre sans Dieu, est l'humanisme du *libertin*. Apparu au XVIIe siècle avec le personnage de Don Juan, celui-ci aspire à émanciper le monde afin de faire advenir le règne de la liberté. Aristocrate, grand seigneur, il n'hésite pas à défier les lois ainsi que la morale. Au XVIIIe siècle, le marquis de Sade a imaginé de démocratiser cette figure aristocratique en développant l'idée d'un « homme souverain[1] ». Au XIXe et au XXe siècle, cette figure donne celle de l'anarchiste, du nihiliste et, plus généralement, de « l'homme révolté » dont Camus a dressé le portrait. Sous une forme ultra-individualiste, cet humanisme est l'apogée de l'humanisme du héros.

Le troisième humanisme, qui consiste à sauver sans Dieu, est l'humanisme *révolutionnaire*. Si le héros et le libertin sont des émancipateurs du genre humain afin de faire triompher l'individu et son égoïsme infini, le révolutionnaire aspire à libérer tout le genre humain. D'où chez lui des projets à l'échelle planétaire fondés sur l'État et pouvant prendre plusieurs formes : 1. La religion de la science avec le positivisme ; 2. La religion sociale avec le socialisme et le communisme ; 3. La religion nationale avec le nationalisme.

Enfin, le quatrième humanisme, qui consiste à aimer sans Dieu, est *l'humanisme moral*. Alors que le héros et le libertin-libertaire sont des individualistes, alors que le révolutionnaire est un homme de pouvoir, l'humaniste moral propose l'amour universel fondé sur la sacralisation de la personne humaine. Issu de l'humanisme de *l'honnête homme* apparu au XVIIe siècle,

---

1. Georges Bataille, *L'Érotisme*, 10-18, 1965, p. 182.

cet humanisme est actuellement développé par Luc Ferry à partir d'un constat. Le monde occidental a connu le temps de la religion où celle-ci gouvernait la société. Ce temps est aujourd'hui révolu[1]. D'où la crise intellectuelle et morale qu'il connaît. Depuis la mort de Dieu et l'écroulement de la religion, il n'arrive pas à donner un sens à la vie. Ce qui se traduit par un sentiment de vide ou de mal-être. Il est possible de surmonter une telle crise. Il suffit pour cela de revenir à l'homme-Dieu, au caractère sacré de la personne humaine, en évitant deux écueils : la fuite dans la transcendance et le fanatisme religieux, la fuite dans l'individualisme nihiliste. Autrement dit, entre la violence du fanatisme et celle du nihilisme, il existe une troisième voie : l'amour de l'homme[2].

Créer, être libre, sauver, aimer. Cela suffit, nous dit l'homme-Dieu. Nul besoin de Dieu pour cela. C'est ce que nous avons tendance à penser. C'est ce que l'homme-Dieu veut que l'on pense. Ce qui ne va pas de soi.

Dans les Évangiles, le Christ dit à ses disciples « Vous êtes des dieux[3] », avant de rajouter que l'homme se divinise quand il se nourrit de la parole divine. Cette parole nous ramène au livre de la Genèse quand Dieu recommande à Adam de se nourrir des fruits de l'arbre de vie et non de l'arbre de la connaissance du bien et du mal. Le Christ ne nie pas qu'il est possible pour l'homme de devenir un dieu. Seulement, il importe de bien se nourrir pour cela. Il

---

1. Luc Ferry, *Le Sens du beau. Aux origines de la culture contemporaine*, Éd. du Cercle d'art, 1988, p. 11.
2. Luc Ferry, *L'Homme-Dieu ou le Sens de la vie*, Grasset, 1996.
3. Jean 10, 34-36.

faut notamment se nourrir de la parole divine, parole infinie. Quand tel n'est pas le cas, l'homme ne se nourrissant plus de la parole divine pour être Dieu, il est seul. Et quand il est seul, ne se nourrissant que de sa propre solitude, il donne naissance aux quatres figures de l'homme seul qui ne cessent de traverser l'humanisme sans Dieu.

L'homme comme idole

La première figure de l'homme seul est celle de l'homme comme idole. Cette figure s'enracine dans le refus de la parole biblique invitant l'homme à être « comme Dieu[1] ».

Il est beau que l'homme soit défini comme créé « à l'image de Dieu et pour la ressemblance avec lui[2] ». Ceci veut dire qu'il a une image. Il ressemble à quelque chose. Il n'est pas à l'image de rien. Il est donc lié à une réalité autre, grâce à laquelle il n'est pas seul, cette réalité étant en l'occurence Dieu, source ineffable de toute chose. Profondeur de cette relation. Grâce à elle l'homme a une réalité. Et ayant une réalité il peut exister comme être libre. En outre, à l'image de Dieu, il révèle quelque chose de celui-ci. Il a donc non seulement une réalité mais un rôle. Grâce à lui, quelque chose de Dieu se révèle et avance. On est dans le mouvement. Ce que confirme l'idée de ressemblance à laquelle l'homme est convié. Alors que l'image recèle encore de la distance, avec la ressemblance, on est dans l'ordre de l'intime, la ressemblance étant le lien

1. Genèse 3, 6.
2. Genèse 1, 26.

le plus intime qu'il puisse y avoir entre deux êtres sans que ceux-ci se confondent. Au sein de Dieu, le Christ est le prototype de cette relation. Quand Dieu est dans l'intime de Dieu, le Père engendre le Fils qui est l'intime du Père. D'où cette parole du Christ : « Qui m'a vu a vu le Père[1]. » Autrement dit, l'image comme la ressemblance permettent de comprendre ce que veut dire l'homme comme homme divin. L'homme est divin quand il est dans l'intime de Dieu, et non quand il est sacralisé. Cela permet de mettre à distance l'homme faussement divin.

Ainsi, écoutons le discours du tentateur adressé à Ève dans le jardin d'Éden. « Il vous a dit de ne pas consommer du fruit de l'arbre de la connaissance du bien et du mal parce qu'il ne veut pas que vous soyez comme lui », explique-t-il en substance. Ce discours dit vrai. Dieu ne veut pas que l'homme soit simplement une image de ce qu'il est. Il veut plus que cela. Il veut la ressemblance avec lui. Toutefois, dans la forme, le tentateur est pervers. Comme il ne dit pas tout, on peut supposer que Dieu est le rival de l'homme en ne voulant pas se faire voler sa divinité par celui-ci. D'où la réaction d'Ève, piquée au vif de se voir refuser le divin et s'emparant du fruit défendu pour se faire justice. Pour René Girard, qui dit violence dit rivalité mimétique[2]. Le récit de la Genèse à propos d'Ève en est l'illustration. Alors que Dieu lui demande de ne pas juger des choses avant d'avoir franchi la distance séparant l'image de la ressemblance, celle-ci les précipite. Elle veut la ressemblance tout de suite.

1. Jean 14, 9.
2. René Girard, *La Violence et le Sacré*, Grasset, 1977, p. 201 *sq*.

Plus grave, elle veut la confusion avec Dieu. D'où le passage de l'intimité avec lui à la violence contre lui. Dieu qui pourrait être l'intime devient le rival. C'est ce que signifie l'idole. La violence. La violence née du désir de s'emparer de Dieu tout de suite. La confusion de Dieu avec une chose en est une expression. D'où cette parole du Deutéronome : « Tu ne feras pas d'idole, aucune image de ce qui est dans les cieux d'en haut, ou de ce qui est sur la terre en bas, ou de ce qui est dans les eaux sous la terre[1]. » Dans notre monde, l'idole se trouve dans l'opposition qui met aux prises le *construit* et le *donné*.

Il est beau d'accepter le donné. Cela veut dire qu'on accepte que les choses viennent à nous, qu'on les laisse venir, qu'on a donc des relations intimes avec elles en acceptant qu'elles nous donnent ce qu'elles ont envie de nous donner. Il est beau également de construire, construire consistant à édifier quelque chose à partir du donné. Reste que tout est perverti, quand, refusant le donné, le construit entend tout construire. On tombe alors dans la folie de l'homme s'imaginant pouvoir tout construire. Écoutons le discours de la modernité. Il est dans la volonté de toute-puissance. Il est prométhéen. « L'homme est ce qu'il fait », dit Sartre[2]. Même chose avec Bachelard. « Rien n'est donné, tout est construit[3] », écrit-il quand il s'agit de définir l'essence de l'esprit scientifique. Ce qui est révélateur : il y a dans la modernité une rivalité

1. Deutéronome 5, 8.
2. Jean-Paul Sartre, *L'existentialisme est un humanisme*, Gallimard (coll. « Folio Essais »), 1996, p. 29.
3. Gaston Bachelard, *La Formation de l'esprit scientifique*, Vrin, 1974, p. 14.

entre le construit et le donné. Une rivalité mimétique, convient-il d'ajouter. Derrière le rejet du donné par le construit, il y a de l'envie. Mieux encore, un désir fou. Celui d'apparaître comme le donné. Ce que le construit finit par réaliser. Disons que tout est construit, tout est construit sauf... le fait que tout est construit qui se donne comme donnée incontestable. D'où la volonté de puissance du constructivisme moderne. Au XXe siècle, cette volonté donne l'idole politique du totalitarisme, lequel s'imagine qu'il va sauver l'homme en le construisant. Aujourd'hui, cette volonté donne le rêve de créer un homme tout-puissant grâce à sa construction en laboratoire. Témoin, le neurochirurgien italien évoqué plus haut. Si l'on veut l'éternité, pas question qu'elle soit donnée. Celle-ci sera construite ou ne sera pas. L'homme éternel sera un homme bricolé, un homme rafistolé, une machine à durer. D'où la justesse de penser qu'en sacralisant l'homme, on le déshumanise. Quand l'homme devient l'avenir de l'homme, il devient la chose de l'homme.

L'homme comme Satan

Il n'est pas forcément mauvais que l'homme veuille ressembler à Dieu, a-t-il été dit. Il ne l'est pas non plus qu'il ait du pouvoir. À condition de percevoir qu'il y a deux pouvoirs.

Il existe un pouvoir positif. Il s'agit du pouvoir comme capacité. Qui est capable, qui peut quelque chose, a la capacité. Il peut agir parce qu'il a assez de force pour canaliser les énergies qui sont en lui et les projeter au-delà de lui. Le pouvoir ainsi vécu fait percevoir qu'il y a capacité créatrice quand il y a transformation de forces reçues en forces redonnées au sein d'une chaîne de transmission. On s'aperçoit alors que le donné n'est pas un obstacle. Permettant de redonner, il est au contraire une chance. De même, le fait de construire afin de redonner n'est pas non plus un obstacle, puisque c'est en étant transformé que ce don va rayonner et révéler toute sa richesse. Autrement dit, quand la transmission est respectée, il n'y a pas de conflit entre le donné et le construit. Parce qu'il y a donné, il peut y avoir construit. Parce qu'il y a du construit, il y a vraiment du donné. Pour parvenir à ce stade, il importe que l'on joue correctement le jeu du pouvoir. Quand tel n'est pas le cas, on voit apparaître un autre pouvoir, destructeur celui-ci.

Le pouvoir destructeur a deux visages. Le premier réside dans un pouvoir d'inertie : on ne fait rien des forces existantes. Quand tel est le cas, non domestiquées, non apprivoisées, non maîtrisées, celles-ci deviennent chaotiques et ravagent tout. Le second visage du pouvoir destructeur réside dans le fait de saisir les forces existantes, de les maîtriser, mais de ne pas les redonner. Quand tel est le cas, confisquées, pétrifiées, ces forces se transforment en inexistence et en mort. Autrement dit, quand le pouvoir est destructeur, il oscille entre le chaos et la mort.

L'homme capable est notre double. Quand il est positif et créateur, il s'appelle un ange, il permet à l'énergie de la vie de circuler. Quand il est négatif et destructeur, il s'appelle un *satan*. Il empêche cette énergie de pouvoir circuler. Cette dualité se retrouve chez Satan, l'archange déchu, qui a un double aspect :

Lucifer, le porteur de lumière, et Satan, celui qui fait obstacle à celle-ci. Dieu qui est tout-puissant est toute-puissance c'est-à-dire continuelle diffusion d'énergies. D'où le monde angélique, avec sa hiérarchie d'anges transformant l'énergie divine, décrit par le Pseudo-Denys l'Aréopagite dans son traité *La Hiérarchie céleste*[1]. Parmi ces anges, Lucifer, le porteur de lumière, est le plus proche de Dieu. La tradition dit que lorsque Dieu crée l'homme, Lucifer se révolte : il découvre que Dieu va s'abaisser pour s'incarner dans l'homme à travers le Christ. Au lieu d'admirer l'humilité de Dieu, il a honte. Si bien que, de Lucifer qu'il est, il devient *satan*, obstacle en hébreu.

Il est glorieux d'être l'ange d'un Dieu glorieux. Il l'est plus encore d'être l'ange d'un Dieu humble. Lucifer, qui veut bien servir un Dieu glorieux, ne veut pas servir un Dieu humble, servir l'humilité apparaissant comme une déchéance. Résultat : en se révoltant contre Dieu afin de continuer à être un ange glorieux, il prend la place de celui-ci. La logique satanique, présente dans le monde angélique, est présente dans notre monde. Elle apparaît à chaque fois que les hommes sont tentés par la vaine gloire. C'est la raison pour laquelle le Christ fait scandale. Les hommes attendent un Dieu qui établisse un royaume céleste sur terre, un royaume d'hommes-Dieu où il est possible dès maintenant pour l'homme de devenir Dieu. Quand le Christ se présente désarmé, ils ne comprennent pas. Ils prennent peur. Ils désespèrent. Ils ne voient pas que le Dieu fait homme, qui est humble, prépare le vrai royaume en prenant le

---

1. Denys l'Aréopagite, *Œuvres complètes*, *La Hiérarchie céleste*, trad. M. de Gandillac, Aubier, 1980, p. 185 *sq*.

contre-pied de l'homme-Dieu. René Girard voit dans le Christ celui qui met au jour les mécanismes de la violence[1]. Le Christ est celui qui pousse jusqu'au bout la mise au jour des mécanismes de l'idolâtrie. D'où l'épisode concernant Pierre, qui déclare pouvoir le suivre partout. On peut faire de soi-même un homme-Dieu en croyant et en faisant croire que l'on peut suivre le Christ partout et, ainsi, sauver le monde. S'il arrive que l'on se perde en confondant Dieu et orgueil de Dieu, il arrive également que l'on se perde en confondant le Christ et l'orgueil du Christ. C'est la raison pour laquelle le Christ avertit Pierre en lui disant : « Arrière de moi, Satan[2] ! »

Dans le monde, le Satan se présente toujours sous la forme d'un sauveur, ami du genre humain. Si bien qu'on a l'impression qu'il n'existe pas. Ce qui est sa ruse suprême, ainsi que le rappelle Baudelaire[3]. Dans notre monde, cette ruse s'exprime par la mise en place de ce à quoi nous assistons, à savoir le monde de l'individu-roi délivré des obstacles matériels grâce à la technique et délivré également des contraintes morales grâce à un individualisme libéral ouvert et tolérant. En apparence, que souhaiter de mieux ? En réalité, entrer dans un monde où la technique est capable de vaincre tous les obstacles en mettant le monde « à disposition » comme le dit Heidegger[4],

1. René Girard, *Des choses cachées depuis la fondation du monde*, Grasset, 1978, p. 203.
2. Matthieu 16, 23.
3. Charles Baudelaire, *Le Spleen de Paris*, La Guilde du Livre, Lausanne, 1947, p. 384.
4. Martin Heidegger, *Essais et Conférences*, trad. A. Préau, Gallimard, 1978, p. 15.

le réel comme altérité et résistance n'existant plus, c'est entrer dans un monde psychotique. En outre, allons au bout de la logique individualiste, libérale et libertaire, ouverte et tolérante. Tout étant ouvert, il devient possible de jouer avec tout, et tout devenant un jeu, on bascule dans le monde du pervers qui rit de tout et fait la fête avec tout, même avec le mal. Ce qui est le comble du mal, comme le rappelle Étienne Borne[1]. Monde nihiliste par excellence, plus rien n'ayant de valeur puisque n'importe quoi peut en avoir. On croit que le mal et le néant sont des bêtes féroces. Ils le sont. Mais, quand ils se manifestent dans le monde, ils sont toujours séduisants, surfant sur la vague de l'existence avec comme devise « tout est possible », « tout est permis ». Les formules d'un monde libre, enfin décomplexé, pense-t-on. Les formules d'un monde nihiliste, ainsi que le rappelle Leo Strauss[2]. Le Diable est votre ami. Il veut votre bien. C'est comme cela qu'il prend la place de Dieu. Il fait le bien à sa place. Mieux, il fait de vous celui qui va sauver le monde. Grâce à la technique. Grâce au jeu. Par le biais d'un monde ludique, où il sera possible de rire de tout et avec tout.

L'homme comme folie

La modernité a tendance à penser que tout devient plus sage quand l'homme-Dieu dirige le monde. C'est l'inverse qui se passe. Quand l'homme-Dieu se met à

---

1. Étienne Borne, *Le Problème du mal*, PUF, 1973, p. 114.
2. Leo Strauss, *Droit naturel et Histoire*, trad. M. Nathan, É. de Dampierre, Plon, 1959, p. 32.

diriger, marchant sur la tête, le monde perd de vue un certain nombre de choses essentielles, la première d'entre elles étant la sagesse, c'est-à-dire le sens de la mesure, comme le disent les Grecs anciens qui voyaient là son fondement.

La sagesse chinoise nous donne une bonne idée de la mesure quand elle enseigne que l'équilibre à travers l'harmonie des contraires est à la base de tout. Quelque chose fait que ce qui est *est* en étant là où cela doit être, c'est-à-dire dans l'être, principe inaltérable qui est à l'origine de tout. C'est ce que signifie l'équilibre : la bonne mesure, une juste place pour toute chose, et non pas toute la place pour une seule chose, fût-elle la meilleure. Voilà le principe de l'excellence. Principe sage, évitant que le meilleur ne devienne un tyran. Le bien est bien parce qu'il laisse tout exister. Parce qu'il respire et qu'il laisse respirer, et non parce qu'il étouffe. Parce qu'il est fluide, et non parce qu'il est dur. Signe que le bien est bien parce qu'il est bien, et non parce qu'il est contre le mal. Que le mal soit contre lui, il n'en a cure. C'est l'affaire du mal, non la sienne. Lui a trop à faire avec le bien pour s'occuper du mal. Ainsi, Lao Tseu écrit-il le *Tao Tö King,* livre du non-agir destiné aux futurs empereurs afin de leur enseigner à bien gouverner le monde. C'est un tel principe que l'on retrouve au cœur de la sagesse grecque, le modèle de notre sagesse, cette sagesse reposant sur cette parole de Parménide : « L'être est et ne peut pas ne pas être. Le non-être n'est pas et ne peut pas être. Être et penser, c'est le même[1]. » Parole qui va à l'essentiel.

1. Yves Battistini, *Trois Présocratiques*, Parménide, *De la nature*, Gallimard (coll. « Tel »), 1988, p. 91.

À l'origine de toute chose se trouve une réalité fondamentale, *l'être*. Faisant être ce qui est, celui-ci est la réalité de la réalité. Réalité de la réalité, il est réflexion et, par extension, Pensée. D'où la justesse de cette pensée d'Héraclite : « Une seule sagesse : savoir que la Pensée gouverne tout à travers tout[1]. » Pensée profonde invitant à voir derrière toute chose un principe pensant qui fait être. Pensée invitant également à avoir du discernement, à ne pas tout confondre, l'être et le non-être, l'être ne pouvant pas ne pas être et le non-être ne pouvant pas être. On les mélange tellement en les prenant l'un pour l'autre. En oubliant de ce fait la nécessité fondamentale qui fait que tout obéit à une loi de pensée et de vie. Il faut que tout soit là où cela doit être. On le sent quand on fait l'expérience de vivre au sens fort en étant ce que l'on vit. Quand on vit ainsi, on vit intensément parce que l'on vit de façon juste, en distinguant ce qui vient de soi et ce qui n'en vient pas. Expérience précieuse donnant de l'acuité à ce que l'on vit. C'est là que se trouve le véritable humanisme. À ne pas confondre avec ses parodies. Ce qui est le cas quand l'être n'est plus la mesure de toutes choses parce que l'homme prend la place de l'être. Témoin, Protagoras proclamant que « l'homme est la mesure de toutes choses, de celles qui sont en tant qu'elles sont et de celles qui ne sont pas en tant qu'elles ne sont pas[2] ».

La formule est séduisante. Tout en reprenant la pensée de l'être de Parménide, elle ouvre sur l'homme

---

1. *Ibid.*, Héraclite, *Fragments*, fragment n° 43, p. 35.
2. Diogène Laërce, *Vies, doctrines et sentences des philosophes illustres*, trad. R. Genaille, t. II, Flammarion (coll. « GF »), 1965, p. 185.

en mettant celui-ci au centre. Si bien qu'elle apparaît comme plus humaine, moins froide, moins abstraite. Il s'agit là d'une apparence. De fait, on est dans la confusion. Quand Parménide dit de l'être qu'il est et qu'il ne peut pas ne pas être, quand il ajoute que le non-être n'est pas et ne peut pas être, on a affaire à une nécessité spirituelle forte et, derrière elle, à quelque chose de fulgurant. C'est la nécessité de la Pensée avec une majuscule qui parle en disant ce qu'il en est de ce qui est comme de ce qui n'est pas. On est dans la pureté. Quand Protagoras énonce que l'homme est la mesure de toutes choses, de ce qui est en tant qu'il est et de ce qui n'est pas en tant qu'il n'est pas, on n'est plus dans la Pensée. On n'est plus dans sa pureté. Passant du ciel à la terre, quelque chose s'est perdu. On n'a plus affaire à la nécessité et, derrière elle, au fulgurant, mais à un amoindrissement de l'être plein de démesure.

L'homme mesurant tout sans que rien ne le mesure, il est sans mesure. Il est comme les dieux. Il a pris leur place. D'où la réaction de Socrate dénonçant dans la formule de Protagoras un sophisme et, dans ce sophisme, une tyrannie. C'est l'être qui est la mesure de l'homme, et non l'homme qui est la mesure de l'être. Ne renversons pas l'ordre des choses en mettant l'homme à la place de l'être. Ne faisons pas de lui le critère de la Pensée. Laissons la Pensée dire ce qu'il en est de la Pensée. Voulant tout le pouvoir, l'homme-Dieu ne veut pas entendre parler de l'être ni de la Pensée. Aussi avance-t-il que l'homme est et doit être le centre de tout. Par humanité. Par amitié pour l'homme. C'est l'homme qui est Dieu, dit-il notamment, et non Dieu. Dieu est une invention de l'homme, l'homme étant celui qui invente tout. En disant cela, l'homme prend la place de Dieu en toute quiétude, tout étant une invention sauf le fait que l'homme invente tout. C'est la toute-puissance du constructivisme qui parle, tout étant une construction sauf le fait que tout peut se construire. Le donné n'est plus le donné mais le construit. Ivresse. L'homme-Dieu grise la modernité en lui faisant croire que l'homme peut tout mesurer et tout construire. Cela donne des subjectivités impatientes qui ne supportent aucun obstacle. Cela donne aussi à croire que tout est possible et que l'on peut tout se permettre.

Quand un neurochirurgien italien se propose de greffer la tête d'un homme sur le corps d'un autre homme, qu'est-il sinon l'homme qui mesure toute chose et notamment la vie et la mort ? Si l'être était encore la mesure, il ne pourrait pas faire ce qu'il fait. Comme tel n'est plus le cas, la voie est libre.

L'homme comme tyran

Si l'homme-Dieu fait perdre sa sagesse à l'homme, il lui fait aussi perdre son royaume.

Nous aspirons tous à vivre dans un monde harmonieux, en paix avec nos semblables, tant nous voyons combien il est heureux de pouvoir faire l'expérience de l'amitié avec eux et combien il est malheureux de vivre dans un monde où l'homme n'est plus l'ami de l'homme[1]. Cette amitié est possible. Il suffit non pas de faire de l'homme la mesure de toutes choses mais

1. Aristote, *Éthique à Nicomaque*, livre VIII, trad. J. Voilquin, Flammarion (coll. « GF »), 1968, p. 205 *sq*.

de respecter la bonne mesure en politique. Celle-ci repose sur le nombre d'or de Pythagore, qui rappelle qu'il y a équilibre quand le petit est au moyen ce que le moyen est au grand. Appliqué à l'homme et au champ politique, ce principe consiste à dire que le corps est à la cité ce que la cité est au cosmos[1].

Le petit et le grand s'opposent quand on les considère tels quels, le grand écrasant le petit. Faisons intervenir le moyen entre le petit et le grand. L'oppression du petit par le grand cesse. Témoin, le fait que le petit cesse de se situer par rapport à lui mais s'inscrit par rapport au moyen. Témoin également, le fait que le moyen étant petit par rapport au grand, le petit n'est plus si petit que cela puisque, dans son ordre, il est égal au moyen. Dernier point. Le grand étant grand par rapport au moyen et le moyen étant grand par rapport au petit, le grand n'est pas si grand et le moyen si moyen que cela. D'où finalement un retournement. On pense que le petit et le grand sont irréductiblement opposés et, de ce fait, que la violence et l'oppression de la part du grand sur le petit sont fatales. Tel n'est pas le cas. Il est possible de sortir du tragique de la violence. Il suffit pour cela d'introduire entre eux un moyen terme, le moyen en l'occurrence, en les faisant se refléter en lui. Autrement dit, situons le petit et le grand non par rapport à eux-mêmes mais par rapport à la pensée. On sort de la violence. Appliquons ce principe au corps et au cosmos comme le fait Platon. On résout la question de la tyrannie.

---

1. Platon, *La République*, trad. G. Leroux, livre IV, 434 c, Flammarion (coll. « GF »), 2002, p. 204.

Ainsi, prenons l'homme et son corps dans la nature, tels quels. Le rapport est violent. Comment ne pas se sentir écrasé par celle-ci ? Et comment ne pas avoir envie de réagir de façon violente en se mettant à tyranniser le monde par son corps ? Introduisons maintenant la cité entre le corps et le cosmos. Tout change. Le corps devenant à la cité ce que la cité est au cosmos, il cesse d'être rien puisque, sous un certain angle, il peut être comme une cité. Et le cosmos cesse d'apparaître comme tout-puissant puisque, sous un certain rapport, il n'est somme toute qu'une cité. Le corps et le cosmos peuvent donc se rencontrer en devenant des cités, le corps étant une cité pour le cosmos et le cosmos une cité pour le corps. En un mot, faisons de tout une cité, le corps comme le cosmos. On sort de la violence. On comprend de ce fait pourquoi Socrate dit qu'il est un « citoyen du monde » en faisant de cette formule le fondement de sa politique. Et l'on comprend pourquoi les stoïciens se pensent également comme citoyens du monde. Ils le font, non pas pour abolir les frontières, mais pour entrer en société. Faisons société avec tout. On sort de la violence. Cela s'appelle faire de la politique.

On devrait toujours en faire ainsi. Le fait-on ? En son temps, Socrate constate que non. Le politique est pensé en termes de pouvoir et non de cité. Dans *La République* ainsi que dans le *Gorgias,* Platon fait ce constat : au fond de lui-même, l'être humain est tenté par le tyran. Cette tentation est attisée par les sophistes et leurs discours. Satisfaire tous ses désirs en passant s'il le faut sur le ventre de père et mère[1]. Tout le monde

1. *Ibid.*, livre IX, 571 c, p. 446 *sq.*

en rêve, explique Glaucon à Socrate en reprenant le mythe de l'anneau de Gygès, cet anneau permettant de donner libre cours à tous ses caprices grâce à la possibilité qu'il offre de se rendre invisible[1]. Tout le monde fantasme à propos de l'égoïsme absolu. Et seule la peur du gendarme empêche de passer à l'acte. D'où le rêve de se rendre invisible pour satisfaire un tel fantasme. Glaucon perçoit quelque chose de capital. La tentation de l'homme-Dieu est le fond obscur du politique. Thrasymaque, au début de *La République*, va plus loin. Le tyran n'est pas simplement le rêve secret du politique. Il est sa condition de possibilité, les hommes acceptant de vivre ensemble et d'obéir aux règles sociales parce qu'ils admirent les voyous au pouvoir, qui les grugent et qui les tyrannisent, en rêvant de pouvoir un jour prendre leur place. La cité comme tyrannie pour tous ! Le rêve !

Remarque terrible mais juste. Camus dans *L'Homme révolté* montre qu'elle éclaire l'histoire de l'Occident, un Occident hanté par la figure de l'homme-Dieu, du tyran de la cité grecque au nihiliste moderne, en passant par les figures du prince-mécène de la Renaissance, du libertin du XVIIIe siècle et du révolutionnaire des XIXe et XXe siècles. La démocratie devrait être ce régime dans lequel on fait société. L'est-elle ? Quand l'homme ne rêve plus que de ressembler à lui-même sans plus faire société avec la cité ainsi que le cosmos, ne fait-il pas triompher la figure du tyran ? Notre monde aspire à supprimer les limites de la mort et de la différence sexuée. Il aspire à l'égalité ainsi qu'à la sécurité. Est-ce le sage qui parle à travers ces

1. *Ibid.*, livre II, 339 a, p. 123 *sq.*

idéaux ? N'est-ce pas plutôt le tyran ? Un tyran à qui rien ne résiste ? Le neurochirurgien italien cité est-il vraiment mû par le sens de l'homme ? Ne rêve-t-il pas secrètement que rien ne lui résiste ? Et quand Google investit dans des recherches sur la fin de la mort, ne participe-t-il pas au même rêve ? Devenir celui à qui rien ne résiste.

Nietzsche et l'Antéchrist

Au XIXe siècle, les penseurs et écrivains russes, comme Dostoïevski, ont beaucoup réfléchi sur l'Antéchrist, réflexion reprise au XXe siècle par Soloviev. Ils ont réfléchi sur lui parce qu'ils ont vu dans le mouvement révolutionnaire qui s'annonçait une volonté de sauver le monde sans Dieu. Volonté folle dont les totalitarismes du siècle dernier ont montré les désastres qu'elle provoque quand elle devient ce qui guide le monde. D'où le danger de présenter la philosophie comme doctrine du salut sans Dieu, ce que fait Luc Ferry, rien n'ayant autant meurtri l'humanité. Projet qui ne manque pas d'arguments, comme en témoigne Nietzsche qui, lui aussi, a réfléchi sur l'Antéchrist. Non pas pour en contester la figure, comme Dostoïevski ou Soloviev, mais pour la revendiquer.

Ainsi, en 1888, Nietzsche clôt *L'Antéchrist* sur ce mot d'ordre : « Guerre à mort contre le christianisme[1]. » Auparavant, en 1881, dans *Le Gai Savoir*, il a proclamé « la mort de Dieu ». Et entre-temps, en 1887 dans *La Généalogie de la morale*, il a exalté la

---

1. Friedrich Nietzsche, *L'Antéchrist*, trad. D. Tassel, 10-18, 1967, p. 115.

volonté de puissance. Mort de Dieu, guerre contre le christianisme, exaltation de la volonté de puissance. Chez Nietzsche, ces formules signifient lutter contre le nihilisme. Il part de la vie. Celle-ci est multiple. Vouloir la ramener à l'Un conduit à la dénaturer. Le multiple faisant peur, on peut être tenté de se garantir contre lui en le réduisant à l'Un et en opposant un ordre au désordre. En Occident, depuis Platon, Dieu est le symbole de cette dénaturation. Derrière l'idée de Dieu, il faut entrevoir le projet d'une volonté anxieuse désireuse qu'il y ait « un ordre derrière tout ça ». Si la vie est multiple, elle est également force et affirmation de la force. Cette affirmation de la force passe par une certaine dureté qui fait peur. D'où la tentation de s'en prémunir en installant une morale de la pitié. Ce qu'a fait le christianisme. Si bien que, face à cette dénaturation de la vie par Dieu ainsi que par la morale chrétienne de la pitié, il n'y a qu'une seule solution : revenir à la volonté de puissance, qui est une volonté de vie, ouverte au multiple et à la force, en exaltant celle-ci. Les critiques de Nietzsche sont justes. Le christianisme, qui est originellement une religion de la vie, est tombé en décadence. Il est devenu un ordre conservateur frileux saupoudré de sentimentalisme misérabiliste et bêlant. Reste qu'on ne peut le réduire à cela.

Nous sommes au temps de la mort de Dieu, un temps dont Nietzsche souhaitait l'avènement. On devrait être plus libre, plus fort, plus puissant. Tel n'est pas le cas, le monde de la mort de Dieu qui est le nôtre se caractérisant par son vide. Quand Dieu existe, le monde se doublant d'un monde invisible, la vie ne s'arrête pas aux apparences. D'où un effort pour les dépasser afin qu'elle soit complète. Quand Dieu n'existe plus, parce qu'il n'y a plus d'arrière-monde, quand tout est ramené au corps et à la matérialité, on tombe dans ce que Gilles Lipovetsky appelle « l'ère du vide, une ère dans laquelle on ne se pose plus de questions[1] », dans laquelle l'interrogation métaphysique a disparu. Et pour cause. Puisqu'il n'y a métaphysiquement rien, pourquoi se poser des questions ? Pourquoi rechercher quoi que ce soit puisqu'il n'y a rien à trouver ?

De même, nous vivons aujourd'hui à une époque qui se déchristianise et que l'on déchristianise. On devrait être, là encore, plus vivant, plus fort, plus puissant. Tel n'est pas le cas. Quand le christianisme existe, l'espérance d'une vie plus forte que la mort existe avec lui à travers la résurrection du Christ. Ce qui donne beaucoup de force, beaucoup de puissance à l'existence. Quand le christianisme n'existe plus, tout s'achevant dans la mort, il y a, qu'on le veuille ou non, de l'amertume. On ne vit pas bien en étant amer. Cela n'aide pas à être vivant, fort et puissant, et de ce fait joyeux. Nietzsche pensait que le tragique rend joyeux. Ce n'est pas l'impression que donne la postmodernité, qui se veut tragique : son rire amer n'est pas ce que l'on peut appeler un vrai rire.

Enfin, nous vivons aujourd'hui dans un monde qui exalte l'affirmation de soi ainsi que la volonté de puissance. On devrait être soi. Tel n'est pas le cas, l'affirmation de *soi* débouchant sur l'affirmation du *moi* à travers le développement d'un hyper-individualisme narcissique. Hyper-individualisme fragile, comme l'a

---

1. Gilles Lipovetsky, *L'Ère du vide*, Gallimard, 1983.

bien vu Tony Anatrella[1]. Derrière l'individu schizoïde vivant dans son moi en surfant sur la vague de l'existence de façon décomplexée, pour reprendre le portrait qu'en fait Gilles Deleuze[2], on a en réalité affaire à un individu incapable de supporter le manque et s'écroulant à la première frustration.

Les valeurs de mort de Dieu, de déchristianisation et d'affirmation de soi défendues par Nietzsche ont triomphé, puisqu'elles mènent le monde d'aujourd'hui. Constatons-le : ce n'est pas une réussite, de telles valeurs produisant vide, tristesse et narcissisme fébrile en lieu et place de la vie, de la force et de la puissance escomptées. Cet échec vient de ce que Nietzsche a fait une erreur que nous reproduisons. Quand celui-ci déploie son projet philosophique, il diabolise Dieu et le christianisme tandis qu'il idéalise la volonté de puissance. Il ne perçoit pas ce que nous sommes en train de découvrir. Quand Dieu n'existe pas et que tout est possible, ce n'est pas la liberté qui surgit, mais un nouvel ordre du monde. Le monde de l'homme-Dieu, du décret tout-puissant et du contrôle total de l'existence. En ce sens, l'Antéchrist souhaité par Nietzsche n'est pas l'image du libérateur, mais celle de l'oppresseur. Dostoïevski l'a compris. Quand Dieu existe, sa place étant occupée, impossible de se prendre pour lui. Quand il n'existe plus, sa disparition déchaîne l'orgueil humain[3]. Le règne de l'illimité, de l'égalité et de la sécurité mis

---

1. Tony Anatrella, *Non à la société dépressive*, Flammarion, 1983.
2. Gilles Deleuze, Félix Guattari, *Mille Plateaux*, Éd. de Minuit, 1980.
3. Fedor Dostoïevski, *Les Frères Karamazov*, « Le mythe du Grand Inquisiteur », trad. H. Mongault, t. I, Gallimard (coll. « Folio »), 1988, p. 366.

en place par l'homme-Dieu en est l'illustration. En apparence, celui-ci donne l'impression de permettre à l'homme de s'émanciper. En réalité, en l'enchaînant à lui-même, il l'empêche de le faire.

2

Le règne de l'illimité

Ça y est !

Ali est pakistanais. Il est surtout l'un des derniers crieurs de journaux à Paris. Quand il vend ses quotidiens ou ses périodiques, il a l'habitude de crier : « Ça y est ! » En rajoutant, par exemple, à l'occasion de la coupe du monde de football : « Ça y est, la France est championne du monde », alors que la France n'a pas encore joué son premier match. Ce qui fait rire les passants. Ali a raison : quand il crie à tue-tête « Ça y est ! » il résume notre époque. Une époque que Philippe Muray a bien saisie en écrivant *Après l'Histoire*[1], titre en résonance avec le « Ça y est ! » d'Ali. Nous ne sommes plus dans l'Histoire. Nous venons après elle. Du moins, c'est ce que l'homme-Dieu nous explique.

Prenons le neurochirurgien italien : il n'hésite pas à affirmer que son projet de greffer la tête d'un homme sur le corps d'un autre ouvrira la voie à l'homme éternel. Ali a raison. Ça y est. La mort, c'est fini. L'homme

---

1. Philippe Muray, *Après l'Histoire*, Les Belles Lettres, t. I, 1999, t. II, 2000.

est éternel. Prenons le mariage pour tous. Ali a encore raison. Ça y est. Plus besoin d'un homme et d'une femme pour se marier et faire des enfants. La différence sexuée, c'est fini. Enfin, prenons le principe de précaution. Ali a une fois de plus raison. Demain, il n'y aura plus d'accidents. Nous allons vivre dans un monde enfin sûr. Aussi peut-on faire la fête. L'humanité est sauvée. D'où le règne aujourd'hui de celui que Philippe Muray appelle *Homo festivus.* Quand on est dans l'Histoire, on est dans le temps, et quand on est dans le temps, on est soumis à trois lois pour survivre et vivre, la première étant celle de *la mort,* la seconde celle de *la sexuation,* et la troisième celle de *l'incertitude.*

Ainsi, puisque la mort existe, il faut que l'humanité se reproduise pour survivre. Et puisqu'elle doit se reproduire pour survivre, il importe qu'elle passe par la sexuation. Ce qui implique pour les êtres sexués de devoir passer par l'épreuve de la rencontre avec l'autre et donc par le hasard pour se reproduire. Imaginons un monde où l'homme ne meurt plus. Plus besoin pour l'humanité de passer par la reproduction pour survivre. Plus besoin de ce fait de passer par l'épreuve de la rencontre, du hasard, de l'aléa, de l'incertitude. On peut donc faire la fête, puisque la mort, la sexuation et l'incertitude ne vont plus exister. Ali a raison. Ça y est ! L'homme est sauvé. Il est éternel. L'Histoire est finie. Tout est permis.

Logiquement, la philosophie devrait nous prémunir face à l'ivresse du « tout est permis » ou bien encore du « tout est possible ». Tel n'est pas le cas, celle-ci ayant un goût plus que prononcé pour la rupture ainsi que la fin. Il est certes louable de susciter la réflexion, et marquer des fins ainsi que des ruptures y contribue souvent, mais tout de même... Quand la philosophie se met à ressembler à une chronique nécrologique à force de lancer continuellement des avis de décès, comment ne pas voir qu'elle perd toute crédibilité ? Qui peut croire que le temps de la nature est passé (Sartre), que celui de Dieu est passé (Nietzsche), que celui de l'homme est passé (Foucault), que celui de l'art est passé (Hegel), et que celui de la métaphysique est passé (Hume, Voltaire, Marx, Nietzsche, Heidegger) ?

Philippe Muray a raison, et la philosophie qui n'est plus qu'un vaste cimetière le prouve. Nous venons après l'Histoire. Quand on est dans la « vraie vie » (expression très à la mode), on se pose des questions sur la nature, sur l'homme, sur Dieu, sur la métaphysique, sur la sagesse et sur la philosophie. Quand l'Histoire est finie, plus la peine. À quoi bon, puisque, comme le dit Ali, « ça y est » ? On ne va plus mourir. On ne va plus avoir besoin de se reproduire, et le hasard n'existera plus. La philosophie rationaliste devrait construire quelque chose, elle qui pense que rien n'est donné parce que, comme le dit Bachelard, tout est construit. Elle ne construit pas. Elle déconstruit (Derrida). Elle fabrique non pas des édifices qui nous édifient, mais des ruines afin de nous désillusionner. Ce n'est pas un hasard. Elle commet l'erreur que Platon demandait de ne pas commettre. Elle regarde le monde au lieu de regarder la pensée. Elle suit l'actualité. Si bien que Dieu existe parce que la société s'intéresse à lui, et n'existe plus dès que celle-ci cesse de le faire. Oui, nous vivons dans un monde qui pense en avoir fini avec tout. Parce que nous sommes rivés sur le monde extérieur. Tout est fini, toujours, parce que tout est régi par la loi de l'actualité où une information chasse l'autre. Ali qui vend des journaux le sait bien. Quand le monde des apparences devient le seul monde, l'illimité devient accessible, chaque jour faisant naître une *nouvelle* nouvelle en faisant disparaître celle de la veille. Il est possible de mettre l'infini à la portée de tous. En idolâtrant le pouvoir de l'homme sur l'homme. En rendant ce pouvoir aussi dévorant que l'actualité.

Plus d'Homme avec un grand H

Bernanos a dit un jour que l'on ne comprend rien au monde moderne tant que l'on ne perçoit pas que tout est fait pour empêcher l'homme d'avoir une vie intérieure. Aujourd'hui, il importe d'aller plus loin et de se rendre compte que l'on ne comprend rien à la postmodernité si l'on ne prend pas conscience que tout est fait pour faire disparaître l'homme. Pensez à ces stations de métro où il n'y a plus personne à qui parler parce qu'il n'y a plus désormais que des machines et un numéro d'urgence au cas où vous voudriez avoir affaire à une voix humaine : peut-être est-ce là quelque chose qui vous effraie. Pour l'homme-Dieu, c'est exactement le contraire. Plus personne à qui parler ? Pas âme qui vive ? Le vide intersidéral ? Le rêve. La liberté. L'homme enfin délivré de lui-même. Sans corps. Dans un univers lisse et glacial parfaitement anonyme. La jouissance que peut procurer l'extrême déshumanisation. Le pouvoir absolu de l'homme sur l'homme à travers la possibilité de le détruire. Le rêve.

Dans la postmodernité, philosophiquement parlant, c'est Michel Foucault qui annonce la mort de l'homme, lorsque, en 1966, à la fin de son ouvrage *Les Mots et les*

Choses, il explique que, celui-ci n'étant pas le plus vieux problème qui se soit posé à la pensée humaine, il faut s'attendre à sa fin prochaine[1]. Matériellement parlant, c'est aujourd'hui le transhumanisme qui annonce sa fin prochaine avec son projet de créer une « humanité augmentée », dans laquelle l'homme ne sera plus un être naturel mais un mixte de nature et d'artifice du fait de l'incorporation des nouvelles technologies. Au XVIIIe siècle, La Mettrie évoquait l'idée d'un homme-machine[2]. Cet homme est en passe de devenir non seulement *une* réalité mais *la* réalité.

Les défenseurs de cette fin de l'homme présentent celle-ci comme un progrès. La religion étant ce qui aliène l'homme, l'humanisme a contribué à la libération du genre humain en faisant descendre le ciel sur la terre. Toutefois, étant devenu lui-même une religion, il aliène la liberté totale. D'où la nécessité de s'en débarrasser en jetant aux oubliettes le mythe de l'homme.

Quand, dans les années soixante-dix du siècle dernier, Maurice Clavel lit Michel Foucault et sa prophétie de la mort de l'homme, il crie au génie en pensant que cette mort va délivrer la modernité de l'homme-Dieu. Grossière erreur. Plus on a affaire à la mort de l'homme, plus on a affaire au triomphe de l'homme-Dieu. Les pratiques philosophiques de démystification de l'homme par l'homme en sont une illustration.

Ainsi, quand, dans sa *Lettre à Ménécée*, Épicure explique que la mort n'est rien, on est apparemment délivré de l'humain ainsi que de l'homme. Plus de mort puisque la mort n'est rien ? Plus de crainte à

---

1. Michel Foucault, *Les Mots et les Choses*, Gallimard, 1988, p. 398.
2. Julien de La Mettrie, *L'Homme-machine*, Denoël-Gonthier, 1981.

son égard. Plus besoin donc d'espoir. Finis les dieux. Finie la religion. Du moins, en apparence. Il est facile de penser que la mort n'est rien. Il suffit pour cela de penser que nous ne sommes que pure matière, comme les atomes. Un atome ne pouvant pas mourir, nous sommes immortels. Comme le dit Épicure, nous sommes chacun comme « un dieu parmi les hommes[1] ». Ce qui est révélateur. Vous pensez qu'Épicure a libéré l'homme de la religion ? Non. Il a créé une nouvelle religion : le matérialisme et, avec lui, la religion de l'intellect et de la science. Habituons-nous à penser que nous ne sommes qu'un paquet d'atomes. Nous devenons mentalement immortels. Nous sommes des dieux parmi les hommes.

Au XVIIe siècle, Spinoza renouvelle l'opération. Avec la nécessité. Ainsi, pensons que quand nous agissons, ce n'est pas nous qui agissons, mais la vie avec ses nécessités, et notamment celles du corps. Faisons de nous un corps parmi les corps, qui les vaut tous et que tous valent. N'ayons plus de je, plus de subjectivité. Comme le dit Spinoza, « nous expérimentons que nous sommes éternels[2] », et nous devenons de ce fait « un dieu pour les autres hommes[3] ». Et pour cause. Quand on n'existe plus, on ne souffre plus. Corps parmi les corps, on a éliminé les causes de toutes les souffrances qui résident dans le moi.

Au XXe siècle, Michel Foucault reprend à son tour cette idée en l'actualisant par l'entremise des sciences

---

1. Épicure, *Lettre à Ménécée*, in *Lettres*, trad. J. Salem, Nathan, 1998, p. 81.
2. Baruch Spinoza, *Éthique*, trad. Ch. Appuhn, partie V, scolie de la prop. 23, Flammarion (coll. « GF »), 1983, p. 325.
3. *Ibid.*, partie IV, scolie de la prop. 35, p. 250.

humaines. Ainsi, faisons une science totale de l'homme et, pour cela, pensons que celui-ci n'est que le carrefour de séries qui se déroulent à travers lui : la série biologique et matérielle de son corps, la série langagière et psychique de son âme, et la série socio-politico-économique de son existence concrète dans la société. L'homme devenant non plus celui qui parle mais celui qui est parlé, celui-ci est délivré de lui-même. Une fois de plus, on a affaire au même paradoxe. La prétendue mort de l'homme s'avère être la mise en place du pouvoir sans précédent de celui-ci, et sa prétendue liberté s'avère coïncider avec son extrême déshumanisation.

Ce qui est vrai sur le plan philosophique se vérifie dans le domaine pratique. Quand on fait de l'homme un mixte de machine et d'humanité, on entre dans la toute-puissance, l'homme devenant une chose que l'on manipule à l'envi. Le corps humain étant un corps donné, il n'était pas possible de le modeler et de le façonner comme on veut ? C'est désormais possible, et cela va l'être de plus en plus, les nouvelles technologies offrant la possibilité de passer du corps donné au corps construit. Le *body art* était le fait de quelques artistes ? Il devient désormais une possibilité ouverte à tous, la sculpture de soi se démocratisant à travers la chirurgie esthétique ainsi que la cosmétique. Platon, dans *La République*, explique que qui devient le maître extérieur de lui-même devient l'esclave de lui-même[1]. Plus le posthumanisme et le transhumanisme déclarent se délivrer de l'homme, plus ils mettent en place un esclavage de celui-ci à l'égard de lui-même. Le corps tatoué et percé en est l'illustration. Si, d'un côté, il

1. Platon, *La République*, *op. cit.*, livre IV, 431 a, p. 233.

apparaît comme une nouvelle peau que l'on se donne, celle-ci n'en est pas moins une peau trouée et marquée de façon indélébile. Liberté, nouveauté assure notre postmodernité. À quel prix ?, a-t-on envie de dire.

Dans *Les Possédés* de Dostoïevski, l'un des héros, Kirillov, se propose d'émanciper l'homme en faisant du suicide l'acte suprême de la liberté humaine. Si l'homme n'a pas la possibilité de se créer lui-même, il a celle de se tuer et par là même de prouver qu'il est Dieu. La volonté postmoderne de se délivrer de l'homme en réduisant celui-ci à la matérialité, à la nécessité ainsi qu'à une totale dé-subjectivation ressemble à s'y méprendre au suicide de Kirillov. Jean Baudrillard donne une saisissante image de ce paradoxe dans son ouvrage *Amérique* quand il écrit : « Rien n'évoque plus la fin du monde qu'un homme qui court seul droit devant lui sur une plage, enveloppé dans la tonalité de son *walkman*, muré dans le sacrifice solitaire de son énergie, indifférent même à une catastrophe puisqu'il n'attend plus sa destruction que de lui-même[1]. » Plus d'homme ? Plus de vie ? La solitude extrême ? Cela importe peu à l'homme-Dieu, pourvu qu'il soit l'homme-Dieu.

Plus de limite

La formule « ça y est ! » d'Ali le crieur de journaux est à mettre en relation avec une autre formule qui résume notre époque. Elle nous vient de Californie et tient en deux mots : *No limit*. Plus de limite. Ce qui invite à réfléchir.

---

1. Jean Baudrillard, *Amérique*, Grasset, 1986, p. 77.

Forgée à partir des termes *no* et *limit*, la formule *no limit* est en apparence trois fois positive, le mot *limit* étant positif, le mot *no* étant positif et la formule *no limit* étant positive. Ainsi, la limite, qui n'est pas la barrière, est une négation positive, une bordure permettant de cerner un espace et donc de passer d'un domaine à un autre. Chose que montre bien la notion de frontière. Quand deux armées se font face, on ne peut pas passer, la ligne de front empêchant tout passage. Mais lorsque des frontières remplacent le front, qui faisait obstacle, le passage devient possible à travers ces lieux incertains dans lesquels tout se mélange, tout se rencontre, tout communique. Comme dans les ports et dans les gares. D'où l'importance des limites et le drame quand elles n'existent plus, mélange, passage et communication devenant impossibles.

No est lui aussi positif. Qui dit non, relève la tête. Il fait face. Il fait front. Il est beau de faire face et de faire front. Cela veut dire qu'on ne se laisse pas faire. On ne se laisse pas marcher sur les pieds. On réagit afin de se défendre. On affirme son identité. On fait preuve de volonté.

Enfin, *no limit* est positif, cette formule faisant percevoir qu'il y a encore mieux que la limite qui permet le passage, et mieux que le « non » qui permet la fierté, mieux donc que l'ouverture créatrice et la fermeture créatrice. Hegel a pensé l'histoire sous la forme du dynamisme de la négation. Sans le savoir nous vivons dans l'abstraction. Nous croyons que la réalité se trouve dans les choses. Il n'en est rien. Les choses qui ne vivent pas sont abstraites. Nous croyons qu'elle est dans les hommes. Ceux-ci ne pensent pas la plupart du temps, eux aussi sont abstraits. D'où ce paradoxe : on commence à découvrir l'existence quand on se rend compte que rien n'existe, que ce soit les choses ou les hommes, la vraie vie étant absente. Si elle était vraiment vécue, la formule *no limit* devrait nous amener là. Tel n'est pas le cas.

Ainsi, prenons la formule *no limit* au premier degré en la ramenant à l'individu. Telle quelle, cette formule fait rêver en donnant l'impression qu'elle va conduire à la vraie liberté de l'individu ainsi qu'au vrai bonheur. Ce qui est un leurre. S'agissant de l'individu, c'est au moi narcissique primaire que cette formule parle. Plus de limites ? Je vais donc pouvoir tout faire et affirmer ainsi mon ego à l'infini. Le rêve. Un je sans frontières. Un moi éternel. La possibilité pour chacun de se voir à l'infini dans tout. Un autoérotisme absolu. Cela ressemble à ces publicités que font certains restaurants : « Buffet à volonté », « Boissons à volonté ». Que ma volonté soit faite ! Les restaurants savent ce qu'ils font lorsqu'ils lancent ce genre de publicité. Personne ne pouvant manger ni boire à l'infini sans tomber très vite malade, il n'est pas dangereux de proposer un buffet et des boissons à volonté : le désir fou est sûr de trouver très vite sa limite. Aussi y a-t-il escroquerie, la formule *à volonté* signifiant, non pas la liberté absolue, mais un système de contraintes ne disant pas son nom. En général, au restaurant, c'est le cuisinier qui fixe les quantités et les portions. Avec le *no limit* et le *à volonté,* ce n'est plus lui ni le client, mais le corps aux prises avec lui-même dans sa violence et dans sa sauvagerie à travers la nausée, la douleur et parfois la mort. Aussi la formule *no limit* est-elle un leurre, un piège, un traquenard promettant l'homme-Dieu à l'homme pour mieux le dévorer. Hobbes dit qu'à l'état de nature l'homme est un loup pour l'homme. Dans l'ultralibéralisme postmoderne l'homme-Dieu est un loup pour l'homme.

Concrètement, cette violence s'exprime dans le paradoxe de la postmodernité à propos du bonheur. Celle-ci pose celui-ci comme absence de malheur. Résultat, le malheur la hante. Tout comme la limite hante celui qui rêve de vivre sans limites. Le malade imaginaire chez Molière veut tellement ne pas être malade que la maladie le hante. Le *no limit* des Californiens fait penser au malade imaginaire de Molière. Cette hantise peut aller loin. Selon Hegel, elle explique la terreur lors de la Révolution française. Quand on veut la liberté absolue on aboutit inévitablement à l'installation d'une dictature au nom de la liberté. Dans la postmodernité cette dictature n'est pas celle d'un pouvoir politique, mais d'une figure mentale : celle de l'homme insatiable, toujours frustré, jamais heureux. Comme le dit Alain Souchon dans une de ses chansons : « Carrément méchant, jamais content. »

Plus de vie

Du fait des fantasmes de pouvoir absolu de l'homme-Dieu, l'homme est en train de disparaître. Il n'est pas le seul : la vie est également en train de disparaître.

Vous pensez que celle-ci entendue comme force transcendante existe ? Vous avez raison. Elle existe. Trois choses le prouvent. Vous, d'abord. Vous en êtes la preuve. Vous qui vivez et qui parlez de la vie, vous êtes bien vivant.

En outre, l'univers le prouve. Si la vie n'existait pas, l'univers n'aurait jamais pu voir la vie sourdre en son sein. Or, il s'avère qu'il y a de la vie en lui. Ce qui est un signe. Le signe qu'il n'y a pas que de la matière. Le signe surtout qu'il y a, dans le fond de l'univers, une force allant contre l'univers matériel afin de faire advenir autre chose. D'où l'erreur de penser que le fond des choses est matériel et que la vie n'est qu'un sous-produit de la matière. Le fait que la vie existe montre qu'il y a une force transcendante agissant à l'intérieur de la matière ; cette force est la force même de l'être allant au-delà de l'être en faisant exister la matière ainsi que la vie au-delà de la matière. La matière est un produit de la vie. Les Anciens, comme Aristote et saint Thomas, en ont eu conscience en voyant dans l'existence du mouvement l'expression même de cette force transcendante[1]. Les Modernes en ont eu également conscience en l'appelant comme Schopenhauer du nom de volonté[2].

Enfin, un dernier élément prouve l'existence de la vie : l'individu. Comme le souligne Edgar Morin, avoir affaire à la vie, c'est avoir affaire à l'individu à travers l'*autos*[3] qui permet à celle-ci de s'auto-conserver, en s'auto-réparant et en s'auto-programmant[4]. Ainsi, Bergson a raison. La vie est bien l'expression d'un souffle transcendant. L'individu en est la preuve[5]. Mais, pour l'homme-Dieu, ces preuves ne sont pas convaincantes. Vous ne le saviez pas, mais la vie

---

1. Saint Thomas, *L'Être et l'Esprit*, choix de textes par J. Rassam, PUF, 1971, p. 31.
2. Arthur Schopenhauer, *La Volonté dans la nature*, trad. É. Sans, PUF, 1989.
3. Edgar Morin, *La Méthode*, t. II, *La Vie de la vie*, Éd. du Seuil, 1980, p. 104.
4. Joël de Rosnay, *Les Origines de la vie*, Éd. du Seuil, 1977, p. 43.
5. Henri Bergson, *L'Évolution créatrice*, PUF, 1983, p. 88.

n'existe pas, comme le dit Jacques Monod. C'est un mythe, un mythe animiste qui embarrasse l'esprit scientifique et dont il importe de se débarrasser[1]. Ce qui laisse songeur.

Le matérialisme a tendance à penser qu'il est possible pour la matière de créer de la vie par un phénomène de boule de neige, produit de l'interaction des atomes. La lecture de Lucrèce infirme une telle approche. Laissons tomber des atomes dans le vide sans que rien ne vienne perturber cette chute, sans que rien n'intervienne pour permettre aux atomes de faire boule de neige. L'apparition de la vie s'avère impossible[2]. Signe que la matière à elle seule ne suffit pas à expliquer la vie. Il faut autre chose, un atome qui dévie sa trajectoire, nous dit Lucrèce. Donc une force. Donc de la vie, la matière ne produisant de la vie que quand la vie, et derrière elle une force transcendante, produisent de la matière. D'où l'affabulation du matérialisme, quand il fait croire qu'il est possible de réduire la vie à la matière.

D'où la nécessité de revenir sur ce que dit François Jacob à la fin de *La Logique du vivant* : « Ce qu'a démontré la biologie, c'est qu'il n'existe pas d'entité métaphysique pour se cacher derrière le mot vie. Le pouvoir de s'assembler, de produire des structures de complexité croissante, de se reproduire même appartient aux éléments qui composent la matière. Des particules à l'homme se rencontrent toute une série d'intégrations, de niveaux, de discontinuités. Mais,

1. Jacques Monod, *Le Hasard et la Nécessité*, Éd. du Seuil, 1973, p. 224.
2. Lucrèce, *De la nature*, trad. H. Clouard, Flammarion (coll. « GF »), 1964, p. 54 *sq*.

aucune rupture ni dans la composition des objets, ni dans les relations qui s'y déroulent. Aucun changement d'essence. Au point que l'analyse des molécules et des organes cellulaires est maintenant devenue l'affaire des physiciens[1]. »

Ce qui invite à s'interroger. Quand il nous est dit ici que la vie n'existe pas, c'est un être vivant qui parle et qui explique qu'elle n'existe pas. Pourquoi ceci est-il omis ? Par ailleurs, quand il est précisé que la vie s'explique par des interactions entre atomes, on l'explique aujourd'hui ainsi, mais demain peut-être en sera-t-il autrement. Et après-demain, autrement encore. La science est vivante. Pourquoi la figer ? Et pourquoi ne pas mentionner le fait qu'aujourd'hui, la matière s'expliquant par l'énergie, la réduction de la vie à des atomes interagissant entre eux est déjà dépassée ? Autrement dit, réduire la vie comme cela est fait par le matérialisme aujourd'hui ne relève-t-il pas d'une décision arbitraire ? À la fin du *Hasard et la Nécessité*, Jacques Monod propose d'en finir avec la vie, qu'il taxe de mythe animiste. Nous respectons la vie en général et la vie humaine en particulier. Si la vie n'existe plus, comment va-t-on faire pour les respecter ? Par ailleurs, des poètes comme Baudelaire, Nerval et Hugo ont conféré une vie à la nature. Va-t-on en finir avec la poésie ?

Ces attaques contre la vie ainsi que l'âme de la vie ne sont pas un hasard. Quand on s'intéresse à sa vie et non à la vie, quand on est fasciné par le pouvoir et que l'on met l'intelligence au service de celui-ci, il est fatal que la vie disparaisse au profit de la domination de la vie.

---

1. François Jacob, *La Logique du vivant*, Gallimard, 1973, p. 327.

D'une façon générale, quand l'homme extérieur domine, et non l'homme intérieur, il est inévitable d'assister à la disparition de la vie. Comme l'a montré Georges Canguilhem, la vie est aujourd'hui réduite à une machine ainsi qu'à un mécanisme. Témoin, le fait que l'on parle de l'ingénierie du vivant. C'est le triomphe de l'homme extérieur qui en est la cause, le mécanisme supposant un mécanicien dominant la machine. Le vitalisme qui voit la réalité à partir de la vie entendue comme force intérieure est, de ce point de vue, la rationalité même. On ne le sait plus. On ne veut plus le savoir, notre problème étant devenu, non plus de vivre, mais d'avoir du pouvoir. Au risque d'être, comme le dit Olivier Rey, dans une « folle solitude »[1].

Plus de mort

Si l'homme-Dieu est en train de faire disparaître la vie tant il a le désir de pouvoir tout dominer par son intelligence, il a également entrepris de faire disparaître la mort, tant il a le désir de vivre éternellement. Et il entend parvenir à ses fins en utilisant deux méthodes. La première consiste à dire « la mort m'appartient », en reprenant le slogan féministe « mon corps m'appartient », afin de revendiquer la légalisation de l'euthanasie ainsi que du suicide assisté. La seconde consiste à mettre réellement fin à la mort en procédant à « la mort de la mort », comme le dit Laurent Alexandre[2].

---

1. Olivier Rey, *Une folle solitude*, Éd. du Seuil, 2006.
2. Laurent Alexandre, *La Mort de la mort*, J. C. Lattès, 2011.

Il y a quelques années, personne ne parlait de supprimer celle-ci. Et quand l'idée était évoquée, personne ne la prenait au sérieux. Depuis quelque temps, il en va autrement. Le sujet, qui est à la mode, est pris très au sérieux, comme le montrent un certain nombre d'annonces auxquelles nous avons droit. D'abord, celle concernant le projet transhumaniste de créer un homme éternel en scannant le cerveau d'un être humain afin d'implanter ce double sur un corps en inox indestructible. Ensuite, celle concernant la décision de la société informatique mondiale Google de fabriquer à grande échelle des montres mesurant rythme cardiaque, taux de graisses, taux de sucres, etc., afin de lancer des alertes et, ainsi, de se soigner pour éviter la mort. Enfin, dernière annonce, celle, déjà évoquée, concernant le neurochirurgien italien dont le projet est d'ouvrir la voie à la création d'un homme éternel en procédant à la greffe de la tête d'un homme sur le corps d'un autre. On connaissait la transmigration de l'âme. Il y a désormais la transmigration de la tête.

Les choses avaient déjà commencé à bouger avec la création aux États-Unis de centres de cryogénisation des corps de défunts, le but étant de les faire revenir à la vie dans le futur grâce aux progrès de la science. De même, il avait été question de cloner les êtres humains afin de se servir de leur double comme d'une réserve d'organes pour réparer le corps d'origine. Toutefois, s'il était question de mettre fin à la mort, ces projets restaient à l'état d'hypothèses. Les choses ont changé, la fin de la mort n'étant plus une hypothèse, mais une réalité qui devrait avoir lieu autour de 2035, selon la Singularity University, cette université financée par

Google dans le banlieue de San Francisco aux U.S.A. Tant mieux, dira-t-on. Rien n'est moins sûr.

Une chose frappe d'abord dans le projet de mettre fin à la mort : sa naïveté. Jusqu'à présent, que l'on sache, personne n'a encore vu quiconque dans le monde vivre éternellement. Actuellement, la doyenne de l'humanité est une Japonaise, Misao Okawa, qui est âgée de 116 ans. Et le record officiel de longévité est détenu par une Française, Jeanne Calmant, qui a vécu jusqu'à 122 ans. De ce fait, comment peut-on dire que la mort va bientôt être supprimée ? Qu'en sait-on ? Qu'à cela ne tienne, même si rien ne permet de le dire, on y croit. Mieux, on l'annonce.

À ce culot s'en ajoute un autre. Admettons que l'homme immortel soit possible. Si tel est le cas, un double problème va se poser : 1. Plus personne ne mourant, la terre va être surpeuplée. Comment va-t-on faire pour nourrir tout ce monde ? L'humanité risque fort de mourir de faim ; 2. Si, pour ne pas surpeupler la terre, on arrête de faire des enfants, l'humanité ne va plus se renouveler. Comment va-t-on faire pour maintenir la diversité humaine ? La biodiversité de l'humanité s'épuisant, celle-ci risque fort de mourir, non plus de faim, mais ontologiquement, son être étant atteint. Autrement dit, par quelque biais qu'on la prenne, l'hypothèse de l'homme immortel montre que si celle-ci devait se réaliser, elle entraînerait la mort de l'humanité. Pourquoi ne s'en aperçoit-on pas ? Et comment se fait-il qu'on y croie ?

Venons-en au plan économique. Admettons que l'homme immortel soit viable, il va bien falloir financer les retraites. Comment va-t-on faire ? La vie éternelle sera-t-elle accessible à tous ? Ne sera-t-elle pas possible uniquement pour une petite élite d'ultra-riches ? Et, dans ce cas, ne va-t-elle pas créer une inégalité majeure au sein de l'humanité en la divisant entre les ultra-privilégiés qui pourraient accéder à la vie éternelle et les autres ? Cela est-il moral ? Quand la religion promet le paradis, elle le fait à partir de critères moraux. En le faisant sur des critères purement financiers, ne va-t-on pas mettre en place le système le plus cynique qui soit ? On peut certes imaginer un système où l'éternité serait accessible à tous. Mais si tel est le cas, ne faudra-t-il pas que tout le monde travaille éternellement afin de financer la vie ? Qui l'acceptera ? Bien sûr, il existe l'option de peupler la terre de robots travaillant pour payer les retraites. L'acceptera-t-on ? Qui aura envie de vivre avec des robots ? Qui va prendre le risque de leur donner de plus en plus de pouvoir ? Que sera alors la vie ? Sera-t-elle encore la vie ? Dernier problème, enfin. En admettant que la question économique et sociale soit résolue, que va faire l'humanité pendant l'éternité ? Jouer au bridge et faire du sport ?

Ces paradoxes sont révélateurs. L'homme-Dieu qui fait rêver notre postmodernité à propos de l'homme oublie une chose : la mort fait partie de la vie. Objectivement, elle conserve celle-ci. Imaginons que personne ne soit mort depuis le début de l'humanité. Il n'y aurait plus de vie sur terre, la masse des vieillards éternels empêchant toute vie. Subjectivement, il est beau de finir en allant jusqu'au bout de la vie. C'est ainsi que celle-ci devient une œuvre et acquiert un sens. Un roman est lisible parce qu'il n'a pas des millions de pages. Il en va de même avec la vie. Celle-ci est vivante parce qu'elle est passagère. C'est ce qui la rend unique. Enfin, lorsque, comme le neurochirurgien italien, on imagine l'éternité sous la forme de la transmigration de la tête d'un être humain à travers des corps successifs, ne se trompe-t-on pas de vie ? Ne fait-on pas de la vie un corps perpétuel ? Et quand la vie est telle, où est l'âme ? Où est le sens ? Être un corps perpétuel, est-ce cela que l'on appelle la vie ?

Plus de différence homme-femme

Plus d'homme. Plus de vie. Plus de mort. L'homme est donc enfin libre, pourrait-on conclure. Erreur. Reste à aménager la vie de l'intérieur et, pour cela, à régler un problème de taille : celui de la différence homme-femme, autrement dit celui de la différence sexuée.

Il y a, dans le taoïsme, l'idée que la réalité repose sur le couple du *yin* et du *yang*, du masculin *(yang)* et du féminin *(yin)*. Cette structure repose sur le principe ontologique de la réflexion, illustré par le miroir qui reçoit et redonne la lumière. D'où le caractère fondamental de la différence sexuée homme-femme qui, si elle est essentielle pour la diffusion de la vie et sa reproduction, l'est aussi pour l'esprit lui-même. Il s'avère aujourd'hui que ce principe fondamental est remis en cause, certaines associations féministes voyant là un obstacle à la stricte égalité entre hommes et femmes. Tout doit être possible pour tous. En témoignent la revendication de pouvoir changer de sexe si l'on veut, ou bien encore les travaux de Robert Winston en Angleterre afin de rendre la grossesse masculine possible[1].

---

1. Robert Winston, *The IVF Revolution*, Londres, 1999.

Le mariage homosexuel reconnu récemment par la loi pose également la question de la suppression de cette différence. La stricte égalité entre couples hétérosexuels et homosexuels suppose que, en droit, il ne soit plus fait aucune différence entre eux. On peut comprendre que, au vu de ce qu'elles ont souffert et de ce qu'elles souffrent encore, les femmes aspirent à l'égalité entre hommes et femmes. On peut comprendre aussi que, au vu de qu'ils ont souffert et de ce qu'ils souffrent encore, les homosexuels aspirent à l'égalité entre homosexuels et hétérosexuels. Néanmoins, s'agissant de l'aspiration à une stricte égalité, n'est-ce pas l'homme-Dieu qui parle ? Et si celle-ci devait se réaliser, ne se retournerait-elle pas contre les femmes et contre les homosexuels ?

Quand la question du mariage homosexuel s'est posée, ses défenseurs ont beaucoup expliqué qu'il fallait minimiser le caractère naturel de l'hétérosexualité, celle-ci étant essentiellement une construction socioculturelle. Ainsi, c'est la société qui aurait inventé l'hétérosexualité comme modèle de la sexualité, et ce pour les raisons économiques et politiques développées par Engels dans son ouvrage *L'Origine de la famille, de la propriété et de l'État*[1]. Le capitalisme cherchant le profit, celui-ci aurait favorisé l'homme et son pouvoir en mettant la femme à son service pour faire des enfants et en excluant les homosexuels incapables d'en avoir. D'où le caractère libérateur du mariage gay, celui-ci apparaissant comme une grande avancée pour les homosexuels, pour les femmes et pour

1. Friedrich Engels, *L'Origine de la famille, de la propriété et de l'État*, trad. J. Stern, Éditions Sociales, 1976.

la société d'une façon générale. D'où, également, le caractère libérateur de la mise en place à l'école des ABCD de l'égalité, un programme destiné à enseigner aux enfants l'existence d'une diversité des sexualités et d'une égalité entre elles. Un programme destiné également à lutter contre les stéréotypes en interdisant aux garçons de jouer aux petites voitures et aux filles de jouer à la poupée. Projet nouveau pour la France, mais timide au regard de ce qui se passe en Europe, comme en témoigne un article paru dans *Marie Claire* en mars 2013, à propos d'une école en Norvège où garçons et filles sont habillés pareils, coiffés pareils et portent des prénoms neutres du genre Claude ou Dominique. Ce qui invite à réfléchir.

Il est vrai que l'hétérosexualité a été érigée en modèle de sexualité, et que ce modèle a beaucoup opprimé et exclu. Néanmoins, peut-on pour autant dire que celle-ci n'est qu'une pure construction sociale et culturelle ? Le corps, la physiologie, la biologie, les données dites naturelles ne sont pas des constructions. Qu'en fait-on ? Pendant longtemps, le féminisme a expliqué que l'on niait la femme en lui refusant d'exprimer son corps. En supprimant la différence sexuée sous prétexte de faire respecter l'égalité homme-femme, ne la prive-t-on pas de corps ? Quand on déguise les petites filles en individus neutres, comme c'est le cas dans l'école norvégienne, où est le corps féminin de la petite fille ? « On ne naît pas femme, on le devient », dit Simone de Beauvoir. On ne naît pas femme, c'est vrai, mais on naît fille. Une femme est aussi une fille. Une femme est d'abord une fille. Si on nie la fille dans la femme, comment une femme va-t-elle faire pour devenir femme ?

Les défenseurs du mariage homosexuel aspirent à une stricte égalité entre couples homosexuels et couples hétérosexuels. Est-ce possible ? Deux hommes et deux femmes sont-ils la même chose qu'un homme et une femme ? Et deux pères et deux mères sont-ils la même chose qu'un père et une mère ? Quand les homosexuels veulent avoir des enfants, l'égalité revendiquée n'éclate-t-elle pas, la réalité montrant que les hétérosexuels peuvent avoir un enfant alors que les homosexuels ne le peuvent pas ? Cette inégalité est-elle une construction sociale inventée pour réprimer les homosexuels ? Lorsque, sous prétexte de lutter contre les stéréotypes, on oblige des jeunes enfants à suivre des cours sur la théorie du genre, à ne plus jouer aux petites voitures ou aux poupées, à être habillés et coiffés de la même façon, et à porter des prénoms neutres, peut-on dire que l'on ne construit rien ? Que l'on n'impose rien ? Habiller tous les enfants en enfants neutres, n'est-ce pas du déguisement ?

Enfin, hypothèse extrême. Imaginons que la différence sexuée n'existe plus. L'homosexualité ne disparaîtra-t-elle pas en même temps ? Pour aimer quelqu'un du même sexe, encore faut-il qu'il y ait un être du même sexe. S'il n'y a plus de différence sexuée, et donc plus de sexe identique et de sexe différent, comment les homosexuels vont-ils faire pour être homosexuels ?

Tout n'est que genre au sens de manière d'être, entend-on, l'hétérosexualité étant un genre et l'homosexualité un autre. Certes. Mais, pour qu'il y ait *manière* d'être, il faut qu'il y ait *être*. Plus d'être ? Plus de manière d'être. En ce qui concerne la sexualité, pour que celle-ci existe, il faut qu'il y ait sexuation. Plus de sexuation ? Plus de sexualité. Il s'avère que l'hétérosexualité est une sexualité possible. Reste que ce n'est pas qu'une sexualité. C'est aussi la sexuation. C'est, de ce fait, de l'être et pas simplement une manière d'être. Si bien qu'il faut s'interroger. En matière sexuelle, en ramenant tout à la sexualité puis à l'égalité, n'est-on pas en train de miner la sexualité de l'intérieur ? La sexualité ne risque-t-elle pas d'avoir raison à la longue de la sexualité elle-même ?

Plus de naissance naturelle

Le projet de mettre fin à la différence sexuée porte en lui le risque de faire disparaître la sexualité en coupant celle-ci de ses racines ontologiques. Le projet d'un utérus artificiel pour faire naître les enfants comporte en lui le risque de faire disparaître le corps.

Certes, tout n'est pas facile dans la façon dont, aujourd'hui, on met les enfants au monde. Il y a la douleur de l'accouchement. Il y a la douleur du désir d'enfant non satisfait à cause d'un problème de stérilité chez un couple. Il y a le désir d'enfant chez les couples homosexuels, à cause des limites assignées par la nature. Il y a le désir de séparer la sexualité de la procréation afin de ne plus avoir à vivre dans l'angoisse d'une naissance non désirée ; ou bien encore pour éviter d'avoir à subir le poids de la contraception ou de l'avortement. D'où ce à quoi nous assistons aujourd'hui. Faire l'expérience d'une humanité nouvelle, délivrée de la procréation telle qu'elle a lieu, séduit. Une femme ne doit pas être enchaînée à la fatalité de ses organes génitaux, disait Simone de

Beauvoir. Et si l'on essayait une humanité délivrée de la reproduction attachée à la nature, se demande Henri Atlan[1] ? Question importante. Problématique, toutefois.

Il n'est tout de même pas anodin de passer par un utérus artificiel pour faire naître les êtres humains. Peut-on, comme cela, accepter un tel projet au vu des arguments développés ci-devant ? Il est possible aujourd'hui d'accoucher sans douleur grâce à une injection péridurale. Est-il indispensable de passer par un utérus artificiel pour échapper aux douleurs de l'accouchement ? L'injection péridurale ne résout-elle pas déjà ce problème ?

Beaucoup de couples souffrent de ne pas pouvoir avoir d'enfant alors qu'ils en désirent un. Et l'on comprend l'espérance que pourrait représenter pour eux l'utérus artificiel. Admettons que, demain, pour satisfaire leur demande, le législateur permette cette nouvelle forme de procréation. Quelle en sera la limite ? Aujourd'hui, un couple souffre de ne pas pouvoir avoir d'enfant. Et si, demain, il souffre d'avoir un enfant blond aux yeux bleus alors qu'il en désirait un châtain avec des yeux bruns ? Que fera-t-on ? Interviendra-t-on sur le fœtus pour changer sa programmation ? Et si tel est le cas, là encore, quelle sera la limite ? Une fois que l'on aura choisi la couleur des cheveux et des yeux, que programmera-t-on ? Le génie ? Aldous Huxley dans *Le Meilleur des mondes* a imaginé la création d'un monde parfait avec la fabrication des bébés en laboratoire par la science[2]. L'utérus artificiel n'ouvre-t-il pas la porte à cette utopie monstrueuse ? S'il est dur pour un couple

---

1. Henri Atlan, *L'Utérus artificiel*, Éd. du Seuil, 2007.
2. Aldous Huxley, *Le Meilleur des mondes*, Pocket, 2002.

de ne pas pouvoir avoir d'enfant, faut-il pour autant en conclure que la nature est injuste et corriger celle-ci en mettant en place un « droit à l'enfant » ? Si tel est le cas, que va-t-il rester de la liberté de l'enfant ? Comme l'a dit Lionel Jospin, on parle d'un droit *à* l'enfant, mais ne doit-il pas y avoir aussi un droit *de* l'enfant[1] ? Un enfant n'est-il destiné qu'à satisfaire le désir d'enfant des adultes ?

Cette question qui se pose pour les couples homme-femme se pose sous une autre forme pour les couples homosexuels. On peut comprendre leur douleur de ne pas pouvoir avoir d'enfant, alors qu'ils en souhaiteraient un pour concrétiser leur amour. Néanmoins, puisque de droit il s'agit, si un enfant naît dans un couple homosexuel composé de deux hommes, il n'aura pas de mère, et s'il naît dans un couple composé de deux femmes, il n'aura pas de père. Il est lourd de ne pas avoir de père ou de mère. Sous prétexte de satisfaire le désir d'enfant chez des adultes, a-t-on le droit de priver un enfant de son père ou de sa mère ? L'État s'efforce de venir en aide aux orphelins. Peut-il sans contradiction créer des orphelins ?

On veut pouvoir séparer la sexualité de la procréation. Ce qui est là encore compréhensible. Que d'angoisses évitées ! Que de violences évitées également ! Néanmoins, est-ce respecter la sexualité que de la séparer totalement de son lien avec la vie ? N'est-ce pas aller dans le sens de ce qui en fait déjà un jouet ? Il existe à l'heure qu'il est beaucoup d'irresponsabilité en matière sexuelle. Si la société décide de couper le lien entre vie et sexualité, cette irresponsabilité ne

1. Lionel Jospin, in *Le Journal du dimanche* du 16 mai 2004.

va-t-elle pas devenir totale ? Et devenant totale, ne va-t-elle pas, au bout du compte, tuer la sexualité en lui faisant perdre tout son sel ? La sexualité étant liée au pouvoir de donner la vie, si elle est coupée de ce pouvoir, aura-t-elle la même puissance ? Privée de sa résonance génésique, sera-t-elle encore sexuelle ?

Enfin, il existe un destin biologique faisant que la procréation est toujours passée par l'homme et la femme et, avec eux, par l'utérus féminin. On peut comprendre qu'existe le désir qu'il en soit autrement. Néanmoins, est-ce aussi contraignant que cela semble l'être ? Quand un enfant naît du ventre de sa mère, il a durant neuf mois un contact avec elle comme elle a un contact avec lui. Si bien que l'enfant est plongé, durant tout ce temps, dans un bain d'intimité. Il est structurant de vivre dans un tel bain. Cela nourrit. Cela rend fort. Si, demain, un enfant naît d'une machine, quel lien intime avec une mère aura-t-il ? Quant à la mère, qui n'aura pas porté son enfant, son lien avec celui-ci ne deviendra-t-il pas abstrait ? L'enfant étant coupé de sa mère et la mère étant coupée de l'enfant, celui-ci naîtra de la dureté de l'homme, et non plus de l'homme. Coupé de sa sensibilité profonde, il n'aura plus les vibrations corporelles que donne le contact intime avec la mère. Il sera de ce fait exclu de sa propre chair.

D'une façon générale, il est beau de naître dans un corps fait d'humanité. Cela veut dire que, dès le début de la vie, on est plongé dans la vie, dans l'humanité ainsi que dans la sensibilité. Si, demain, l'enfant naît de machines, avec la science pour seule mère et pour seul ventre, il lui manquera quelque chose : une intimité avec l'humanité, venue de ce que l'on naît du corps de celle-ci quand on naît du corps d'une mère. On ne connaîtra peut-être plus le destin biologique. Mais on connaîtra le destin de la machine et, à travers elle, du fantasme de la science comme de l'homme-Dieu de voler à la femme la maternité.

Plus de fin

Quand on est emporté par son élan, il arrive que l'on fasse et que l'on dise des choses qui dépassent la pensée. C'est ce qui va se passer probablement avec le monde mis en place par l'homme-Dieu. Lui qui aime bien en finir avec tout, histoire de montrer sa toute-puissance, il n'a pas seulement comme projet d'en finir avec la mort, la vie, la naissance, la différence sexuée et l'homme. Il a décidé d'en finir avec la fin elle-même en nous promettant l'avènement d'un monde sans fin. Il est tellement frustrant de finir. Qui ne rêve pas que tout soit sans fin ? L'homme-Dieu en rêve. Sauf que, si ce monde voit vraiment le jour, il risque fort de le regretter.

Il est beau de finir. Qui finit va au bout de quelque chose, le mène à son terme. C'est ce qui fait la force de toute œuvre d'art, en lui permettant de devenir communicable. Ainsi, un roman peut être lu par ses lecteurs parce que l'écrivain qui l'a conçu inscrit le mot « fin » et que ce roman n'a pas des millions de pages. Imaginons qu'il soit sans fin, il ne pourrait pas être lu et exister comme roman. Signe que la vie d'un roman se situe dans l'histoire qu'il raconte, mais aussi au-delà de lui, dans l'invisible, sous la forme de la relation entre l'auteur et ses lecteurs, symbolisée par le mot « fin ». En ce sens, pour qu'un roman parvienne à ses destinataires, il faut que son auteur s'efface et meure en le laissant vivre comme objet autonome proposé à l'appropriation de ses lecteurs. Aussi n'y a-t-il pas de communication sans mort symbolique. Toute création artistique se fonde sur celle-ci. Toute vie romanesque et toute expérience poétique également. C'est ce qui fait la grandeur d'un roman comme d'une épopée. C'est ce que veut dire se dépasser. Notre monde s'imagine, comme le neurochirurgien italien, qu'avec la fin de la mort, il va aboutir à l'éternité. Il va bien plutôt aboutir à la mort en découvrant la vérité de cette formule de Nietzsche : « On peut mourir d'être immortel. »

Ainsi, abolissons la mort et donc la fin. On est condamné à vivre une existence ratée dans laquelle rien n'est achevé. On est également condamné à vivre une existence pétrifiée où tout se répète. On est condamné à l'échec, dans une éternité ratée et en lambeaux. En un mot, on est condamné à la fin de tout sens de la vie et, de ce fait, à l'absurde. Quand, en revanche, quelque chose s'achève, rien ne se répète. Et rien ne se répétant, on échappe à la fausse éternité. On peut donc avoir la force de commencer quelque chose. Cela vaut la peine, puisque l'horizon est ouvert et que rien n'est condamné à tourner en rond éternellement sur lui-même. Paradoxe de la fin. Derrière sa fermeture, celle-ci est une ouverture : elle met fin au cauchemar de ce qui est sans fin. Elle délivre du faux infini et de cette parodie d'éternité qu'est la perpétuité[1]. La vie peut alors devenir une vraie vie

---

1. Vladimir Jankélévitch, *La Mort*, Flammarion, 1977, p. 449 *sq*.

et avoir une allure romanesque. L'une des conséquences à laquelle le neurochirurgien n'a pas songé quand il a élaboré son projet d'un homme immortel est la mort du romanesque et, avec elle, la mort de ce qui confère à l'existence une certaine élégance ainsi qu'un certain style. Bergson appelait de ses vœux un supplément d'âme en se rendant compte que le monde fondé sur le pouvoir de la technique est en train de tuer celle-ci[1].

Notre monde qui veut, non plus rêver l'immortalité, mais la réaliser est en train d'entrer doucement dans la mort. Cette mort n'est pas facile à percevoir, les apparences semblant dire le contraire. Supprimons la fin. On a l'impression d'être sans fin. On est grisé. Tout est possible. Plus de date butoir. Plus de *dead line,* de ligne de mort comme disent les Américains. Cela ressemble au rêve et au paradis. C'est le cauchemar et l'enfer.

Quand la mort existe, le risque existe sous la forme du risque de mourir. Et, comme le risque existe, la valeur existe. Quand la mort n'existe plus, le risque n'existant plus, la valeur disparaît. Si tel est le cas, à quoi bon faire naître ? Et, de ce fait, à quoi bon la sexuation ? Quand la vie a de la valeur, parce que la mort existe et que le risque existe, il y a du sens à être homme ou femme pour la faire naître. Mais quand elle n'en a plus, cessons de faire naître. Jetons la sexuation aux oubliettes en conservant uniquement le sexe. Et profitons-en pour jeter également l'homme ainsi que la fin elle-même, défendre l'homme n'ayant plus guère

---

1. Henri Bergson, *Les Deux Sources de la morale et de la religion*, PUF, 1984, p. 320.

de sens quand la vie n'en a pas, quand se donner des buts ou terminer quelque chose n'en a plus non plus.

Le rêve d'un homme illimité est porteur de mort et de déshumanisation. Il n'est pas le seul : le rêve d'égalité et de sécurité également.

3

Le règne de l'égalité

Pour tous !

L'homme-Dieu, qui aime bien se prendre pour Dieu, aime également se prendre pour le sauveur du monde. Il pense pouvoir y arriver en installant sur terre le règne de l'égalité. Un certain nombre d'organisations humanitaires œuvrent pour venir en aide aux plus démunis, aux plus faibles ainsi qu'aux plus déshérités en accomplissant des actions remarquables afin que personne ne soit laissé sur le bord de la route. Quand elles travaillent ainsi, pour que tous les êtres humains puissent disposer de soins ainsi que d'une aide face à la détresse, le « pour tous » qui guide leur action est noble et a un sens bien différent du « pour tous » utilisé par l'homme-Dieu.

Marx, au début du *Manifeste du parti communiste,* explique que le communisme se donne comme but de mettre fin à l'histoire telle qu'elle a eu lieu sous la forme de la lutte des classes[1]. Idéal grandiose. Celui d'une humanité réconciliée, enfin fraternelle, sans

1. Karl Marx, *Manifeste du parti communiste,* 10-18, 1966, p. 20.

distinction de races, de classes, de cultures, de religions, d'appartenances idéologiques. Comment ne pas en rêver ! Seulement, Marx a conscience que cet idéal pour se réaliser doit passer par un certain nombre d'étapes, abolir les distinctions n'étant pas possible du jour au lendemain. L'homme-Dieu s'accorde avec Marx quant à la société idéale. Toutefois, il n'entend pas attendre et passer par des médiations historiques. Le communisme ? Il le veut tout de suite. La fin de l'histoire ? Il la veut pour maintenant. D'où son usage de la formule « pour tous », qui permet d'accélérer les choses, mieux de les précipiter, en abolissant dès maintenant les classes. Ce qui ne va pas de soi, les classes étant liées aux trois piliers de notre structuration en tant qu'êtres humains et êtres sociaux : l'équité, la distinction et l'interdit.

Ainsi, vous pensez, comme tout honnête homme, que la justice repose sur deux principes : celui de l'égalité devant la loi et celui de l'équité consistant à rendre à chacun ce qui lui revient en fonction de ses mérites. En ce sens, il ne vous vient pas à l'esprit de supprimer l'équité en installant une égalité qui dispense de celle-ci ? Et ce parce que vous pensez, comme Aristote, que la justice se compose d'égalité et d'inégalité, en faisant fonctionner une dialectique subtile qui respecte l'identité des êtres humains – grâce à l'égalité – et leur différence – grâce à l'équité ? L'homme-Dieu va vous expliquer que vous vous trompez. L'équité que vous pensez équitable est injuste, et il importe de la supprimer parce qu'elle ne tient pas compte de la situation concrète des individus. Il faut pouvoir être méritant. Tout le monde n'en a pas la possibilité, tout le monde n'ayant pas au départ les mêmes chances de pouvoir l'être. De sorte que, si l'on veut établir la justice en ce bas monde, il n'y a qu'une seule solution : supprimer toute notion de mérite et avec elle tout le système de distinction qui l'accompagne.

Par ailleurs, puisqu'il s'agit de distinction, vous pensez que tout le monde n'est pas fait pour faire la même chose, cette disparité étant liée à la singularité de chacun, ce que Spinoza appelle la nécessité interne qui fait le propre de chaque être ? Vous pensez, de ce fait, qu'il existe des âges de la vie avec leur spécificité, des temps distincts mais aussi des moments pour faire les choses ? Enfin, vous pensez que le secret étant ce que l'on dit à une personne en particulier, tout ne peut pas être dit de la même façon à tout le monde ? En un mot, parce que vous avez le sens de la singularité des personnes humaines, celui de la réalité et du poids du temps ainsi que celui du secret propre à chaque être, vous excluez que tout puisse être fait de la même façon par tout le monde ? Sans désirer enfermer les êtres humains dans des catégories, des classes ou des castes, vous ressentez un certain malaise face à la notion de sans-catégorie, celle-ci vous apparaissant comme une hyper-catégorie, la catégorie supérieure, quasiment aristocratique des sans-catégorie ? Faites attention, vous fabriquez de l'exclusion sociale ! Victime de l'ancien système de classes et de distinctions, qui fige les êtres humains dans une prétendue nature, vous prolongez ce système. Il faut désacraliser les fonctions et les rôles, tout le monde devant pouvoir avoir accès à tout.

En ce sens, il importe de revenir sur la notion même d'interdit. Quand vous interdisez, vous excluez. Vous pratiquez une forme de ségrégation. C'est dans la société de classes que l'on exclut. Dans le monde sans classes, rien n'est interdit parce que rien ni personne n'est exclu. Vous pensez que cela ne peut pas marcher ? Vous pensez que cela risque de déboucher sur un monde dans lequel on se permettra tout, puisque rien ne sera interdit ? Mieux, puisqu'il sera interdit d'interdire ? Vous êtes plus marqué par l'ancien système de pensée que vous ne le croyez. Vous vivez encore dans un monde dans lequel l'individu obéit à la morale et au droit. Vous n'avez pas vu que le monde a changé et que, désormais, c'est à la morale et au droit d'obéir à l'individu.

Le droit pour tous

Qui dit égalité dit nécessairement droit. Ce qui n'est pas une mauvaise chose. Ainsi, il y a quelques années, Robert Badinter appelait de ses vœux un monde dans lequel les citoyens pourraient avoir droit au droit. La formule, brillante, renvoie à une réalité. Un certain nombre de citoyens dans la société ne savent pas qu'ils ont des droits et qu'ils peuvent recourir au droit afin de les faire reconnaître. D'où des injustices qui pourraient être corrigées et qui ne le sont pas. Quand tel est le cas, avoir droit au droit est un progrès démocratique notable, à condition que l'on ne passe pas d'un extrême à un autre.

Penchons-nous cependant sur la formule « le droit au droit ». Derrière la part faite à l'individu afin qu'il se défende, celle-ci établit un bouleversement symbolique complet. Normalement, il existe une certaine sacralité du droit et de la loi. Ceux-ci ne sont pas des produits de consommation et l'individu n'a pas à décider ce qu'ils doivent être. Posons le droit comme étant *un* droit et non plus *le* droit. Une mutation s'opère. Le droit devient un produit de consommation. Tout comme au restaurant le fait de payer un menu donne droit à certaines prestations, le droit se doit d'offrir un certain nombre de prestations au citoyen. Au XVIIe siècle, observant la montée de la bourgeoisie et de la civilisation de l'homme-Dieu, Racine prédisait dans *Les Plaideurs* que la société à venir serait une société dans laquelle on souhaiterait que « les procès viennent en abondance[1] ». C'est chose faite : la postmodernité est marquée par la judiciarisation, les citoyens ayant tendance à mêler la loi à tout, et la loi à se mêler de tout. D'où un double phénomène, à savoir la montée de la toute-puissance de l'individu par rapport au droit et du droit par rapport à la société. Montée proportionnelle à la disparition de la notion de devoir.

En temps normal, la loi s'inscrit dans un contrat de réciprocité entre droits et devoirs, les devoirs donnant des droits et les droits étant soumis à des devoirs. Dans la société de l'homme-Dieu, les droits ne s'accompagnent plus de devoirs. Témoin, le projet de Robert Badinter qui, s'il parle d'un droit au droit, n'évoque nullement un quelconque devoir envers celui-ci. D'où la transformation de l'individu en zone de non-droit, la notion de devoir ne s'appliquant plus à lui. Dans le même temps, le droit est lui aussi gagné par la toute-puissance. En témoigne la loi dite du mariage pour tous.

1. Jean Racine, *Les Plaideurs*, acte III, scène dernière, Flammarion (coll. « GF »), 1979, p. 285.

Quand il a été question de la faire adopter, c'est le ministère de la Justice qui s'en est occupé, et non le secrétariat d'État à la Famille. Signe de l'importance du droit, le mariage homosexuel étant un prétexte pour affirmer sa toute-puissance. La preuve ?

Deux hommes, deux femmes ne sont pas un couple mais une paire ? Qu'importe, la loi fait d'eux des couples. Deux hommes, deux femmes ne peuvent pas faire des enfants et, de ce fait, fonder une famille ? Qu'importe, la loi fait que, maintenant, ils le peuvent. La sexuation homme-femme n'est pas une sexualité ? Qu'importe, désormais, c'est le cas. Étendre le mariage aux homosexuels c'est diminuer le mariage hétérosexuel et commettre symboliquement une injustice ? Qu'importe, la loi déclare qu'il n'y a pas injustice mais générosité. Les partisans du mariage pour tous l'ont défendu pour des raisons de tolérance, et non pour abolir la différence sexuée ? Qu'importe, la loi fait que c'est ce qu'ils sont censés vouloir. Si bien qu'il faut ouvrir les yeux. On pense que le mariage pour tous a été fait pour des raisons humaines. En fait il a été fait pour le triomphe du droit et, derrière lui, du libéralisme fondé sur le libre choix. Le mariage était une institution. Il est désormais un produit de consommation comme un autre, une marchandise comme une autre.

Cynisme donc, derrière le mariage pour tous, mais aussi irresponsabilité. On aurait dû appeler le mariage pour tous mariage homosexuel. Si tel avait été le cas, le législateur aurait montré que tout n'est pas pareil, tout en donnant des droits aux homosexuels. Il aurait ainsi évité d'installer la confusion dans les esprits. Il ne l'a pas fait. Sous prétexte de ne pas « stigmatiser », il a appelé le mariage gay « mariage pour tous ». En faisant cela, il a commis trois erreurs.

En premier lieu, il a gommé la spécificité de tout le monde, des hétérosexuels comme des homosexuels, personne ne sachant à quoi renvoie le « pour tous ». Il a beaucoup été reproché à la morale bourgeoise d'être hypocrite en ne nommant jamais les choses afin d'éviter toute confrontation avec le réel. C'est le cas ici. Pour éviter de se confronter à la réalité ainsi qu'à l'équité, le législateur a choisi de tout noyer dans l'indéterminé.

Par ailleurs, ce même législateur a pris un risque. Si ce mariage était vraiment pour tous, il devrait permettre le mariage de qui veut avec le sexe qu'il veut, l'âge qu'il veut et la quantité qu'il veut[1]. Tel n'a pas été le cas, comme le montre la mairie de Mayotte qui a refusé de satisfaire le désir d'un chef de tribu local d'épouser ses six femmes au nom du mariage pour tous. Bien évidemment, il n'est pas question de le regretter. Reste que, en appelant le mariage homosexuel « mariage pour tous » afin de ne pas « stigmatiser », le législateur a fait un choix risqué. Personne n'a encore réclamé la levée de l'interdit de l'inceste pour se marier à l'intérieur de sa famille. Mais, demain, si quelqu'un la réclame au nom de l'égalité, le mariage étant un droit subjectif dépourvu de tout ancrage dans la sexuation, que fera le législateur ? Au nom de quoi pourra-t-il interdire le mariage incestueux, puisque désormais l'égalité de droit sert de référence à tout ?

Dernier risque, enfin. Si la justice est affaire d'égalité devant le droit, elle est aussi affaire d'équité, c'est-à-dire

---

1. Ainsi, un article humoristique, paru dans *Courrier international* n° 1155 du 20 décembre 2012, évoquait-il le mariage avec un lave-linge.

de reconnaissance de ce qui revient à chacun. Et donc d'inégalité. De ce fait, s'il est injuste de ne pas traiter de façon égale tous les citoyens devant la loi, il l'est également de ne pas donner à chacun ce qui lui est propre[1]. Gommons l'équité. En donnant la même chose à tous, et donc en ne donnant pas ce qui revient à chacun, la justice réduite à l'égalité devient inéquitable et donc injuste. Avec le mariage pour tous, c'est le cas. Imaginons que demain ce mariage permette la GPA (gestation pour autrui) et la PMA (procréation médicalement assistée), l'enfant qui naîtra dans ces conditions sera privé de père, s'il s'agit d'un couple de femmes utilisant la PMA, et de mère, s'il s'agit d'un couple d'hommes utilisant la GPA. Ce qui est injuste.

Dans la tradition chrétienne, la Pentecôte désigne ce moment où l'Esprit Saint souffle sur tous, par-delà les différences homme-femme, Juif-Romain, étranger-citoyen. L'homme-Dieu qui entend faire advenir le paradis sur terre adore l'esprit de la Pentecôte. C'est la raison pour laquelle il aime tant le droit pour tous. Avec le droit pour tous, il est sûr de devenir l'Esprit Saint en faisant de ce droit la Pentecôte de la postmodernité.

La réussite pour tous

Dans l'éducation, cette Pentecôte se traduit par la formule « la réussite pour tous », promue par un certain nombre de responsables pédagogiques. Formule qui se comprend. Il est dramatique que des élèves échouent et qu'ils s'enferment dans l'échec en subissant

1. Aristote, *Éthique à Nicomaque*, trad. J. Voilquin, livre V, chap. III, Flammarion (coll. « GF »), 1968, p. 129.

le phénomène de spirale qui l'accompagne. Tant il est vrai que, lorsqu'un élève rate le train de l'école, il y a de fortes chances qu'il rate tous les autres trains. Avec les conséquences facilement imaginables que cela produit inévitablement. D'où la pertinence des efforts mis en œuvre par un certain nombre de responsables du système éducatif afin que les élèves en difficulté n'entrent pas dans une logique d'échec et de désocialisation du fait de leurs difficultés. Néanmoins, il importe là encore de s'interroger.

En premier lieu, qui sait, avant de vivre et d'agir, s'il va réussir ou pas ? Personne. C'est la raison pour laquelle on vit et on agit. Non seulement pour réussir, mais encore pour savoir si l'on va réussir ou pas. Pour cela, posons la réussite pour tous comme principe. On prend la place de la vie et de l'action. On supprime l'incertitude qui fait le sel de l'existence. On devient Dieu, et l'éducation ainsi conçue devient le paradis sur terre. Tout le monde est sauvé. « On ira tous au paradis », comme le chantait Michel Polnareff. En matière pédagogique, c'est la chanson que chante l'homme-Dieu. C'est son programme, le fond de sa pensée.

L'école peut aider les élèves à réussir. Elle ne peut pas faire que tous réussissent. Supprimons l'écart qu'il y a entre l'aide à la réussite et la réussite pour tous : l'école s'autodétruit. Ce qui est logique. Si l'on accorde la réussite à tous, pourquoi passer des examens et en faire passer ? Et à quoi bon des professeurs qui évaluent les élèves ? Supprimons les examens et les évaluations. Ce que l'on s'apprête, au demeurant, à faire. On pense que cette suppression va favoriser le désir d'apprendre en évitant la compétition et le stress qui l'accompagne. Grossière erreur ! C'est ignorer que les élèves se comparent et se notent de toute façon et en général de manière sauvage. Si bien qu'il vaut mieux un monde où la compétition est organisée qu'un monde où elle est sauvage, la compétition organisée étant infiniment plus démocratique que la compétition sauvage.

L'enfer est pavé de bonnes intentions. On devrait le savoir. À l'évidence, ce n'est pas le cas. On pense rendre service aux plus faibles en leur offrant la réussite sur un plateau afin qu'ils ne soient pas laissés sur le bord de la route. En fait, on les enfonce davantage dans leur faiblesse en approfondissant les inégalités entre les bons élèves et les élèves en difficulté. Mettons en place un système où un élève réussira de toute façon, quel que soit son niveau. N'ayant jamais connu ni vraies épreuves ni échecs, il s'écroulera à la première épreuve et au premier échec, rien ne lui ayant montré ses limites. En outre, quand on met un tel système en place, on ne peut que créer un effet pervers augmentant la faiblesse de l'élève en difficulté au lieu de la diminuer. Il suffit de regarder ce qui a été fait ces dernières années afin que la réussite pour tous devienne une réalité. En interdisant le redoublement, en fermant les yeux sur l'orthographe et en fixant à l'avance le taux de réussite au baccalauréat à 85 %, on a conduit presque tous les élèves à réussir le baccalauréat. Sauf que celui-ci n'en est plus un. Si bien que les bacheliers tombent de haut lorsque, en première année de faculté, ils découvrent l'étendue de leurs lacunes, non sans ressentir quelque colère à l'égard d'un système qui leur a fait croire qu'ils avaient un certain niveau alors que tel n'est pas le cas.

Enfin, ultime problème. Faisons de la réussite un droit au même titre que l'égalité devant la loi. Cela revient à dire qu'il est légal de réussir et illégal d'échouer, l'échec devenant comparable à une inégalité de traitement devant la loi. Si tel est le cas, il importe de porter plainte auprès des tribunaux contre tout professeur donnant une mauvaise note à un élève, cette note ne respectant pas le principe d'égalité et ouvrant la porte à une logique de pénalisation et de discrimination sociale.

L'école enseigne bien quand elle est fidèle à ses fondements. Force est de constater toutefois qu'elle porte préjudice à l'élève en difficulté quand elle se donne comme devise « la réussite pour tous ». Cette injustice à l'égard des plus faibles n'est pas un hasard. Quand les médias veulent faire de l'audience, ils font de la démagogie. Quand l'homme-Dieu veut se faire élire et apparaître en sauveur du monde, il fait dans le marketing éducatif.

Andy Warhol a dit un jour que la modernité serait l'époque où, durant cinq minutes, chaque Américain pourrait être célèbre. Il avait vu ce que la démagogie médiatique est en train de produire : la célébrité pour tous ! La téléréalité est en train de réaliser ce programme. Jadis, un acteur était un dieu, une actrice une déesse, et le cinéma une usine à mythes. Pour accéder à l'Olympe hollywoodien, il fallait avoir du talent et le faire vivre avec rigueur. Avec la téléréalité, plus question de tout cela. Pour être engagé comme acteur, il suffit d'être une image à laquelle tout le monde peut s'identifier.

La réussite est imprévisible tant elle est incertaine. On se structure quand on en a conscience. On est perdu quand on l'oublie. Il faut demeurer humble pour réussir. Sinon, non seulement on perd mais on se perd. Les hommes politiques de tous bords nous expliquent qu'ils veulent que la France gagne. Fort bien. Mais il faut ajouter qu'elle gagnera si elle se souvient qu'une course se gagne en la courant et non en réclamant la victoire pour tous.

Dans la tradition chrétienne, l'apocatastase est la doctrine qui dit que tout le monde sera sauvé. L'homme-Dieu, qui rêve de faire le salut du genre humain, aime cette doctrine. C'est la raison pour laquelle il aime tant la réussite pour tous. La réussite pour tous est l'apocatastase de la postmodernité.

Le respect pour tous

Au delà de l'éducation, l'homme-Dieu entend réaliser le paradis sur terre par le respect et la dignité. Il va de soi qu'il est infiniment souhaitable que l'on puisse vivre dans une société où chaque être humain est respecté dans son intégrité en jouissant des droits qui lui reviennent. Reste que l'on se trompe quand on pense que le respect de tous se fonde sur… le respect de chacun.

On croit que le respect est une affaire de personne. C'est un principe que l'on respecte, et non un individu. Le respect est fondé sur la loi, et non sur la personne. Kant l'a fort bien compris et le fait fort bien comprendre. Relisons la formule qui exprime le fameux impératif catégorique qui définit la loi morale au sein de laquelle le respect prend sens : « Agis de telle façon que la maxime de ton action particulière puisse devenir une loi universelle[1]. » Il n'est nullement dit qu'agir

---

1. Emmanuel Kant, *Fondements de la métaphysique des mœurs*, trad. V. Delbos, Delagrave, 1967, p. 136.

consiste à respecter toutes les personnes humaines, mais à respecter la loi au sens fort. Et que dit cette loi ? Qu'il convient de passer de la maxime particulière à la loi universelle. Traduisons. Nous avons tous des pensées qui guident nos actes. Souvent, trop souvent, nos actes ont une apparence morale, mais ne sont pas moraux dans leur essence. Parce que les pensées qui les accompagnent ne sont pas morales. Nous ne pensons pas ce que nous faisons, parce que nos motivations sont intéressées, calculatrices, particulières, égoïstes. Aussi être moral consiste-t-il à changer non ses actes mais ses pensées.

Autrement dit, la morale est une affaire de pensée et non d'action. Des gens qui font des actions morales, il y en a en quantité. Des gens qui ont une pensée morale, il y en a peu. Nous croyons que la morale consiste à agir et non à penser en ayant des actions en conformité avec ses pensées. C'est l'inverse qui est vrai. Être moral consiste à penser en agissant en conformité avec ses pensées. Parce que, comme le souligne Vladimir Jankélévitch, la morale est affaire d'intention[1]. Engagement responsable, celle-ci est une question de conscience, donc d'intention et, derrière elle, de pureté de cœur.

En ce sens, on est moral parce que l'on introduit dans l'humanité un état de conscience, et non parce que l'on fait ceci ou cela. D'où la formule kantienne disant que la loi morale consiste à transformer sa maxime particulière en loi universelle. Celle-ci signifie qu'il importe de changer ses pensées afin d'avoir

1. Vladimir Jankélévitch, *Traité des vertus*, t. I, *Le Sérieux de l'intention*, Flammarion, 1983.

une vraie pensée. Ce que l'on sent. Il y a les actes pensés porteurs d'une pensée et les autres actes. La morale apparaît quand un acte est pensé. Ce qui invite à réfléchir sur les actions humanitaires. Pour donner du sens à sa vie, il est courant de conseiller de se rendre utile aux autres. On ne va pas, bien évidemment, s'en plaindre. Mieux vaut cela que l'inverse. Est-ce moral pour autant ? Qui cherche à faire du bien à autrui pour s'en faire à lui-même, en donnant ainsi du sens à sa vie, ne pense qu'à lui. Il a beau être utile aux autres, ses intentions ne sont pas pures. Elles sont intéressées. D'où les limites concernant la religion humanitaire que Luc Ferry appelle de ses vœux afin de donner du sens à la vie[1]. Une telle religion a beau être utile, elle n'est pas pour autant morale. Cela se voit lors des téléthons. Il est bien sûr utile de lever des fonds pour faire avancer la recherche médicale. Reste que voir une société, non pas être charitable, mais se regarder l'être en mettant en scène de façon spectaculaire sa propre générosité laisse un goût bizarre dans le cœur. D'où la profondeur de Luther quand il rappelle que ce ne sont pas les œuvres qui sauvent, mais la foi[2]. Si l'on n'a pas agi en ayant introduit un peu de vraie pensée dans le monde, on n'a pas agi.

On comprend dès lors mieux pourquoi le respect est une affaire de loi, et non une affaire de personne. La loi morale consistant à avoir une pensée, quand il y a loi et respect de la loi, on peut être sûr qu'il y a l'homme, être humain consistant à avoir une pensée

---

1. Luc Ferry, *L'Homme-Dieu ou le Sens de la vie, op. cit.*, p. 175.
2. Martin Luther, *Les Grands Écrits réformateurs*, trad. M. Gravier, Flammarion (coll. « GF »), 1992, p. 205 *sq*.

de l'homme. En revanche, lorsqu'on pense pouvoir arriver à l'homme sans la loi, en étant simplement humain, on se trompe, l'homme sans une pensée de l'homme n'existant pas.

Au ve siècle après Jésus-Christ, saint Augustin avait déjà conscience de cette question au moment où surgit le problème soulevé par les donatistes, lesquels ne voulaient pas respecter un évêque pour sa fonction mais pour sa personne. Le respect doit être une affaire de principe non d'individu. Pascal au XVIIe siècle le rappellera aux Frondeurs[1]. Saint Augustin, Pascal, Kant, tous disent la même chose. Cessons de faire du respect une affaire d'individu. Cessons de croire qu'en étant humain on respecte l'homme. Et ayons une vraie pensée de l'homme en ayant une pensée pour la pensée. L'homme-Dieu fait l'inverse. Quand il est question de respect, il veut que cela s'adresse à lui, et non à la pensée. Il ramène ainsi le respect à lui parce qu'une seule chose le préoccupe : la respectabilité, le respect résidant à ses yeux dans le fait, non pas de respecter, mais d'être respecté. Il est en cela comme les truands qui attendent qu'on les respecte, eux. Comme les truands, il veut être craint et tenir les autres en respect grâce à sa respectabilité. Parce que, comme les truands, il se prend pour la loi en faisant sa loi.

La dignité pour tous

Outre que l'homme-Dieu parle de respect sans savoir ce qu'il entend par là, il en va de même avec la dignité.

1. Blaise Pascal, *De l'esprit géométrique. Discours sur la condition des grands*, Flammarion (coll. « GF »), 1985, p. 205.

Bien évidemment, la souffrance que provoque son absence est telle qu'il ne saurait être question de la sous-estimer. Néanmoins, se rend-on compte de ce que l'on dit quand on parle de dignité ?

Kant définit fort bien celle-ci lorsque, dans *Les Fondements de la métaphysique des mœurs,* il explique qu'il existe deux formes de prix, la première étant exprimée par la *valeur* et la seconde par la *dignité*[1]. Si la valeur correspond à un prix, la dignité renvoie à ce qui est sans prix. D'où le sens de la dignité.

L'homme n'a pas de prix. Il faut beaucoup de pensée pour parvenir à un tel niveau de conscience et ne pas réduire l'homme à un calcul. Ainsi, il n'est pas digne de chiffrer la vie humaine à un million d'euros. Pourquoi un et pas deux ? Une telle question est gênante. Elle dévoile l'avarice qui se cache derrière le prix assigné à l'homme. On veut bien de celui-ci, mais à l'économie. Aussi baisse-t-on les prix. C'est dire si l'homme a peu de prix à nos yeux. Nos calculs médiocres le prouvent. Tout cela est indigne. L'homme mérite tout de même mieux.

Profondeur de Kant. On comprend pourquoi l'homme n'a pas de valeur, pourquoi il n'est pas une valeur. Mettons-nous à lui donner une valeur, nous devenons sordides. La dignité consiste à se tenir en dehors de ces comptes de boutiquier. Nous ne savons pas ce qu'est l'homme ni quel est son prix. Plutôt que de bavarder sur sa valeur, taisons-nous. Et inclinons-nous. Il y a dans l'homme quelque chose qui dépasse tout ce que nous pouvons dire à son sujet. C'est dans ce silence

---

1. Emmanuel Kant, *Fondements de la métaphysique des mœurs*, *op. cit.*, p. 160.

sur sa valeur que se rencontre la dignité. Oui, profondeur de Kant. Celle d'avoir compris que la dignité est une affaire de pensée. Dis-moi comment tu penses l'homme, et je te dirai qui tu es. On devrait toujours faire de la dignité une affaire de pensée. On éviterait d'être indigne.

Quand on dit « J'ai ma dignité » ou « J'ai droit à ma dignité », ce n'est pas de dignité mais de fierté dont on parle. On veut pouvoir avoir sa fierté ainsi qu'un droit à être fier. Fort bien, mais de grâce, n'appelons pas cela dignité. Contentons-nous de la fierté. Évitons d'utiliser un mot qui renvoie à l'ineffable dans l'homme afin de justifier la fierté individuelle. Il n'est pas inouï d'être fier. C'est humain. Quand il est question de l'homme, il n'y a pas à en être fier mais à s'en montrer digne. Il est beaucoup question du droit à pouvoir mourir dans la dignité. Il y a une erreur, là encore. Le mot « décence » serait plus adapté. Qui a envie d'être un vieillard dément et incontinent ? Personne. On veut pouvoir être regardable jusqu'au bout. Reste qu'il en va de la mort comme de l'homme. Il importe de s'en montrer digne. Ce qui a lieu quand on l'aborde, non pas tant comme un droit, mais comme un devoir sacré.

On utilise parfois la notion de dignité pour réclamer le droit à l'euthanasie et au suicide assisté. Lorsque Kant donne un exemple de ce qui est selon lui la dignité, il prend celui de l'homme qui, ayant des raisons de se suicider, ne le fait pas[1]. Pour Kant, la dignité consiste à tenir la pensée de l'homme quoi qu'il arrive. Il y a quelque chose d'inouï dans l'homme. Quand on a compris cela, on se doit de vivre, quelles que

---

1. *Ibid.*, p. 138.

soient les circonstances. Aussi la dignité consiste-t-elle, non pas à mettre fin à ses jours pour conserver une certaine fierté à l'égard de soi et de son image, mais à vivre pour tâcher d'être à la hauteur de ce qui n'a pas de prix en soi.

Être digne, ce n'est pas être fier de soi ou avoir une image décente, mais être digne de l'homme. Cette pensée de Kant est somptueuse. Quand nous faisons de la dignité un droit, nous en sommes loin. C'est l'homme-Dieu qui sème le trouble en ramenant la dignité à un droit ainsi qu'à une question d'image. Une fois de plus, l'homme-Dieu a semé le chaos en faisant de la dignité un droit à la fierté. Il ne saurait être question de juger ceux et celles qui mettent fin à leurs jours. Mais tout de même… Puisque de décence il s'agit, tâchons d'en faire preuve en ayant quelque pudeur à l'égard des mots. Ainsi, il devient de plus en plus courant de faire des procès pour atteinte à la dignité en réclamant des dédommagements. Est-ce ainsi que l'on devient digne ? Est-ce ainsi que l'on retrouve une dignité ? L'homme-Dieu, qui entend sauver le monde, a décidé de mettre la dignité à la portée de tous. En la dégradant, afin de la confondre avec la fierté et l'image, il y arrive. Sauf que ce n'est plus la dignité qui résulte de cette confusion, mais une course indigne à la fierté et à l'image.

L'humanisme pour tous

Au-delà du respect et de la dignité, l'homme-Dieu entend faire advenir une société modèle en se fondant sur l'humanisme, la laïcité et la tolérance. Quand on annonce un tel projet, il paraît difficile d'être contre.

Quand, toutefois, on entre dans les détails, constatons-le, il en va autrement. Ainsi, interrogeons notre entourage à propos de l'humanisme en lui demandant de le définir. Tout le monde ou presque répondra que l'humanisme consiste à avoir le sens de l'homme et tout le monde ou presque rajoutera qu'être humaniste consiste à croire en l'homme plutôt qu'en Dieu. Ce qui est une triple erreur.

Première erreur. Comme le souligne Ernst Cassirer, l'humanisme occidental est entièrement fondé sur une formule : « Connais-toi toi-même », inscrite sur le fronton du portail du temple d'Apollon, à Delphes[1]. Luc Ferry voit dans cette formule l'acte de naissance de la philosophie comme salut sans Dieu[2]. Ce qui invite à s'interroger. Est-ce le sens de la formule delphique ? La sagesse grecque consiste-t-elle à dire qu'il n'y a de philosophie que dans l'athéisme et que seul celui-ci est un humanisme ?

La formule delphique est pour le moins étonnante. On pourrait s'attendre à ce que, dans un lieu religieux, il soit rappelé de s'intéresser aux dieux. Or, il est conseillé de rentrer en soi. Ce qui est nouveau. Les dieux sont intérieurs et non extérieurs. Rentrons en nous-mêmes. Nous les découvrons en découvrant qu'ils sont au cœur de chaque chose et de chaque être, toute chose et tout être étant lié à l'être. Comme le souligne Annick de Souzenelle, Dieu se rencontre quand on rencontre l'homme intérieur. Œdipe en fait l'expérience, toute son histoire étant celle de l'homme

1. Ernst Cassirer, *Essai sur l'homme*, trad. N. Massa, Éd. de Minuit, 1975, p. 13.
2. Luc Ferry, *Apprendre à vivre*, t. II, *La Sagesse des mythes*, Plon, 2008, p. 25.

qui découvre celui-ci[1]. Au-delà d'Œdipe, toute la sagesse grecque en traduit l'expérience. Entrons dans l'humanité intérieure. La laïcité est réalisée, l'expérience montrant que les hommes intérieurs de toute culture et de toute religion communiquent très bien entre eux, et ce depuis longtemps. D'où l'erreur de penser que l'humanisme consiste à s'intéresser à l'homme et non à Dieu ni aux dieux, l'humanisme commençant quand les dieux et Dieu deviennent intérieurs et non quand il n'y a plus ni dieux ni Dieu.

Deuxième erreur. Si l'humanisme se fonde sur l'homme intérieur, il se fonde également sur le sens de l'Autre avec un grand A, ainsi que le rappelle Descartes. Au XVIIe siècle, comme aujourd'hui, le monde est en proie à un bouleversement profond. Le microscope et la lunette astronomique laissent percevoir des mondes invisibles à l'œil nu dans l'infiniment petit comme dans l'infiniment grand. En outre, les cultures se rencontrent, faisant apparaître leur diversité. De sorte qu'une question se pose : quels repères peut-il y avoir dans un tel monde ? Descartes apporte une réponse. Se demandant si quelque chose existe ou s'il n'y a rien, il découvre qu'au moins une chose est certaine : lui, Descartes, existe bel et bien. Pour dire qu'il n'y a rien, encore faut-il que quelqu'un existe et pense pour l'affirmer. *Je pense, je suis*[2]. Cette formule n'est pas de l'idéalisme mais une déconstruction du nihilisme métaphysique. Celui-ci est impossible. Il y a de l'être. Un être toujours déjà là. Un être donné avant toute chose. Notre existence le prouve.

---

1. Annick de Souzenelle, *Œdipe intérieur. La présence du Verbe dans le mythe grec*, Albin Michel, 1999.
2. René Descartes, *Méditations métaphysiques*, « Deuxième méditation », PUF, 1979, p. 38.

Descartes ne s'arrête pas là. Si nous existons, sommes-nous seuls à exister ? N'y a-t-il que l'homme au monde ? Si tel est le cas, cela veut dire que la pensée humaine est simplement humaine. Donc, sans réalité en soi. Est-ce possible ? Une idée s'y oppose : celle de Dieu. L'éternité comme l'infini ne s'inventent pas. On ne crée pas l'éternité en ajoutant du temps au temps. On ne crée pas l'infini en ajoutant de l'espace à l'espace. Nous n'avons jamais vu ni l'éternité ni l'infini. Pourtant, nous en avons l'idée. C'est que celle-ci nous a été donnée par un Autre. Dieu n'est donc pas une invention. Il est l'Autre avec un grand A. L'idée que l'on en a le prouve. Nous expérimentons cet Autre quand nous aspirons à nous dépasser.

Si notre existence nous apprend qu'il n'y a pas rien, Dieu nous apprend que l'homme n'est pas tout. Il y a quelque chose au-dessus de lui. L'Autre avec un grand A. Quand on a le sens de cet Autre, on devient humble, on est dans un vrai humanisme, l'humanisme de l'homme humble[1]. Dieu n'est pas ici un dogme, mais ce qui déconstruit l'orgueil de l'homme. S'il n'existait pas, il faudrait l'inventer, dit le judaïsme. Profondeur de Descartes. Il a découvert le fondement de l'humanisme. Il nous le fait découvrir. L'humanisme existe, autrement dit, non pas quand l'homme est seul sans Dieu, mais quand l'homme est avec Dieu en ayant le sens de Dieu comme Autre.

Troisième erreur, enfin. Kant est souvent invoqué comme étant le père de la laïcité, parce qu'il fait de l'autonomie la clef de toute pensée comme de toute

---

1. *Ibid.*, « Troisième méditation », *op. cit.*, p. 69.

morale. Ce qui est vrai. Reste que autonomie ne veut pas dire athéisme.

Oui, penser c'est penser par soi-même, et cela s'appelle juger. Mais, pour penser la science et construire un système cohérent de la connaissance, l'esprit humain a besoin de passer par l'idéal de la raison, à savoir une intelligence infinie, en l'occurrence une intelligence divine. Ce qui est logique. Pour avoir l'intelligence du monde, encore faut-il que le monde soit intelligible, et donc qu'il y ait une intelligence derrière ce monde. Plus d'intelligence à l'origine de toute chose ? Plus d'intelligibilité possible ? Plus de science. Plus de raison[1].

De même, en morale ; on devient moral parce qu'on veut l'être, l'être moral dépendant d'une décision libre venant d'une volonté autonome. Mais on devient également moral parce qu'on peut l'être ; et ceci en raison d'un idéal de la morale sous la forme d'une volonté infinie et parfaite, la volonté divine, qui est la morale de la morale. Pas de volonté autonome à la base de la morale ? Pas de morale. Mais, pas de volonté divine à la base de la morale ? Pas de morale non plus, aucune morale au monde ne pouvant se construire sans un sens de l'idéal et de la perfection[2]. L'humanisme, autrement dit, se fonde sur l'autonomie de l'homme, parce que celle-ci est reliée à un idéal de perfection divine, à la fois intellectuelle et morale, et non parce qu'elle en est séparée. Ce que les Anciens savaient déjà, rien n'étant plus divin que l'autonomie.

---

1. Emmanuel Kant, *Critique de la raison pure*, « L'idéal de la raison pure », trad. J. Barni, Flammarion (coll. « GF »), 1976, p. 459.
2. Emmanuel Kant, *Critique de la raison pratique*, trad. F. Picavet, PUF, 1971, p. 133.

Résumons nous. Qu'il s'agisse de la sagesse grecque, de Descartes et de Kant, tous disent la même chose. Il y a humanisme quand il y a relation de l'homme à l'intériorité, à l'Autre ainsi qu'à la perfection. On devrait le savoir. On ne le sait pas. On ne le sait plus, l'homme-Dieu interdisant qu'on le sache. Il veut bien entendre parler de liberté, mais nullement de Dieu et de perfection. Résultat, lentement mais sûrement, il est en train de détruire l'humanisme. Mettons la liberté au-dessus de tout en soumettant la perfection à celle-ci. Posons, autrement dit, que l'homme doit pouvoir choisir la perfection, comme bon lui semble. Soyons ultralibéraux en matière métaphysique. On donne l'impression d'être humain et de respecter l'homme. De fait, on ne le respecte pas, sa folle solitude augmentant avec sa folle liberté.

La laïcité pour tous

Si l'homme-Dieu est en train de détruire l'humanisme il est aussi en train de détruire la laïcité.

Dans L'Évangile de Marc, le Christ prononce cette parole : « Rendez à César ce qui est à César, et à Dieu ce qui est à Dieu[1]. » Selon Henri Peña-Ruiz il n'y a là rien qui concerne la laïcité, la vraie laïcité étant ailleurs[2]. Est-ce si sûr ? Il est beau de « rendre ». On a tant l'habitude de prendre, en prenant à César et en prenant à Dieu, en séparant au lieu de relier, en divisant au lieu d'unir. Si, au lieu de prendre, on rendait, on vivrait une vraie laïcité. Rendant à la religion ce qui lui revient, on dépasserait l'opposition entre religion et

1. Marc 12, 14-17.
2. Voir Henri Peña-Ruiz, *Dieu et Marianne*, Flammarion, 2001.

laïcité en ayant les trois religions de l'homme, à savoir celle du *cosmos* liée à la nature, celle de l'*anthropos* liée à l'homme et celle du *theos* liée à Dieu.

Il faut le savoir, la première religion de l'homme est celle de la nature et du cosmos. Religion la plus ancienne qui soit, celle-ci vient de loin puisqu'elle remonte à la préhistoire. Encore très présente, elle apparaît quand on a le sentiment de participer à ce Tout qu'est la nature, en faisant l'expérience de ses forces, de ses énergies, de son esprit, de sa présence, de son âme. Si cette religion est très présente en Afrique, en Amérique du Sud, en Océanie et en Asie, elle se manifeste aussi chez nous, en Occident, à travers le goût que nous pouvons avoir pour la mer, la montagne, la campagne, l'exercice physique, la beauté du corps, l'éros, le rapport charnel à l'existence et à ses éléments comme l'air, l'eau, la terre, le feu ou bien encore l'espace.

La deuxième religion de l'homme est celle de la cité. Les Grecs et les Romains pratiquaient cette religion. Nous la pratiquons quand nous cultivons le respect de la famille, la mémoire des ancêtres, le sens de la société, du genre humain, du pays auquel nous appartenons, de la médecine, de l'éducation, de la culture, des arts et de la civilisation.

Enfin, la troisième religion de l'homme est celle de la transcendance et du mystère. Nous l'avons quand, sentant qu'il y a quelque chose d'infiniment beau et d'infiniment mystérieux dans l'existence, nous nous arrêtons, nous recueillons et nous inclinons avec gratitude en ressentant une immense paix nous envahir.

Dans la modernité, Descartes le comprend fort bien. Témoin, la première règle de sa morale dite provisoire dans laquelle il recommande de respecter la religion, les règles et les coutumes de son pays[1]. Concession faite à la religion pour avoir la paix, dira-t-on. Sagesse, bien plutôt. Il est tellement courant de vouloir changer le monde avant de le connaître ! Comme si tout ce qui existe était mal fait ! Comme si le monde avait besoin de nous pour savoir ce qu'est la religion et ce qu'est la laïcité ! On devrait avoir cette sagesse. On ne l'a pas. On ne l'a plus, l'homme-Dieu interdisant qu'on l'ait en recourant pour cela à la négation du passé, à la partialité et au culot.

Il faut accepter la religion de son pays, recommande Descartes. Sage pour Descartes, cette recommandation est inacceptable pour l'homme-Dieu. D'où de savantes manœuvres de sa part pour séparer l'humanisme de toute religion, en utilisant pour cela ce qu'il appelle laïcité.

La France comme l'Europe ont été culturellement inspirées par le christianisme pendant près de mille ans. Elles ont de ce fait un long passé de valeurs chrétiennes qui ont cimenté les valeurs communes. Dire que l'Europe a une origine chrétienne relève donc de la vérité, et non d'un prosélytisme quelconque. Vous pensez que l'homme-Dieu accepte cette évidence ? Vous rêvez. En 2001, sous la présidence de Jacques Chirac, avec Lionel Jospin comme Premier ministre, alors que nombre de pays européens s'apprêtaient à reconnaître de façon officielle ce fait historique, la France a expressément exigé qu'il ne soit pas fait mention des racines chrétiennes de l'Europe dans la Constitution européenne.

---

1. René Descartes, *Discours de la méthode*, troisième partie, Nathan, 1988, p. 48.

Au Moyen Âge, saint François d'Assise a inventé le principe des crèches à Noël, afin de rendre accessible le mystère de l'Incarnation à travers la notion de famille. Les crèches, qui sont des objets laïcs, font aujourd'hui partie du folklore. Vous pensez que l'homme-Dieu en a conscience ? Vous rêvez, là encore. Sous couvert de défendre la laïcité, en appliquant pour cela le principe de *L'Internationale* « Du passé faisons table rase », il a décidé de s'en prendre au folklore et au passé. Ainsi, à Noël 2014, le conseil général de Vendée a décidé de faire retirer la crèche qui, traditionnellement, orne à cette époque son hall d'entrée. Ce qui laisse perplexe. Les signes du passé chrétien d'un pays comme la France sont nombreux et font partie du folklore. Va-t-on tous les détruire pour créer un espace entièrement neutre ? Dans le lycée où j'enseigne, à Orléans, un de mes collègues, adepte de l'homme-Dieu, ne verrait aucun inconvénient à ce que l'on rase Notre-Dame, qu'il trouve trop intrusive dans l'espace public.

L'homme-Dieu, qui nie le passé, est également partial. Ainsi, logiquement, la laïcité à la française devrait respecter ses deux principes : la liberté de culte et la séparation de l'Église et de l'État. Le 6 novembre 2013, Vincent Peillon, alors ministre de l'Éducation nationale, a déclaré dans une station de radio vouloir créer une religion laïque afin de ne pas laisser au catholicisme le monopole de la religion, de la morale et de la spiritualité. En se lançant ouvertement dans une croisade anticatholique alors qu'il était ministre, a-t-il respecté la liberté de culte ? Et, dans son projet de religion laïque, a-t-il respecté le principe de séparation entre l'Église et l'État ?

Il importe, enfin, de parler du culot de l'homme-Dieu. Vous pensez que le terme « laïc » qu'il utilise n'a qu'un seul sens et qu'il signifie : respectueux de chacun ? Vous vous trompez. Il en a deux, en signifiant également « athée ». D'où un double discours de sa part. Ainsi, quand il dit « Je suis laïc » à un musulman, cela veut dire : « Je respecte toutes les religions. » Quand il dit « Je suis laïc » à un chrétien, cela veut dire : « Je suis contre le catholicisme. » Quand il a affaire à un musulman, la foi est pour lui une spécificité culturelle. Quand il a affaire à un chrétien, celle-ci devient une illusion qu'il faut combattre. Quand il défend l'islam, il lutte pour le droit à la différence. Quand il attaque le christianisme, il lutte pour la laïcité. Quand des terroristes islamistes commettent des attentats, il clame haut et fort que le terrorisme n'a rien à voir avec l'islam. Quand il est question du christianisme, qui ne commet aujourd'hui aucun attentat, il rappelle que celui-ci est synonyme de croisades, d'Inquisition et de guerres de Religion. Quand un professeur-homme-Dieu enseigne l'islam à ses élèves, il parle de spiritualité. Quand il leur enseigne le christianisme, il reprend les thèses de Nietzsche[1] et de Michel Onfray[2] expliquant que le christianisme est une religion de la haine. Certes, il y a des moments où ce système bien huilé coince. Quoiqu'il défende l'islam contre les chrétiens, l'homme-Dieu entend pouvoir blasphémer comme bon lui semble contre Dieu, le Christ, la Vierge Marie, le pape et, pourquoi pas, le Prophète. Cela ne plaît

1. Friedrich Nietzsche, *Le Crépuscule des idoles*, trad. H. Albert, Denoël-Gonthier, 1980, p. 40.
2. Michel Onfray, *Traité d'athéologie*, Grasset, 2005, p. 95.

guère aux musulmans, dont l'homme-Dieu est l'ami et le défenseur ? On passe vite sur ce point délicat en expliquant que le droit au blasphème renvoie à la liberté d'expression et la liberté d'expression au droit d'expression pour tous, donc aussi pour les musulmans. Que les musulmans indignés ne s'en fassent donc pas. On blasphème contre le Prophète ? On protège les musulmans. Enfin, pas toujours. À Nice, un enfant de 8 ans a refusé de respecter la minute de silence en hommage aux victimes de l'attentat contre *Charlie Hebdo* ajoutant, « pour rire », qu'il était « terroriste ». Certes, l'attitude de cet enfant est inacceptable, certes, comme le dit Victor Hugo dans son poème *Le Crapaud,* « cet âge est sans pitié », mais fallait-il pour cela le dénoncer à la police qui l'a placé en garde à vue ? Un enfant de 8 ans en garde à vue à cause des propos qu'il a tenus. Au nom de la liberté d'expression. Pour le respect des valeurs de l'homme-Dieu !

La tolérance pour tous

Dernier élément utilisé par l'homme-Dieu pour faire advenir son modèle de société : la tolérance.

Kant nous a montré ce que celle-ci signifie. Pour le comprendre, reportons-nous au contexte historique qui a été le sien, et auquel le nôtre ressemble fortement. Nous sommes à la fin du XVIIIe siècle. La culture de cette époque est traversée par deux dogmatismes. Le dogmatisme religieux, hérité du passé ; le dogmatisme antireligieux et athée de la modernité. Pour éviter l'affrontement entre ces deux positions, il n'y a qu'une solution : penser la vie de l'esprit sous la forme d'un partage d'expériences dans le cadre de la culture. En un mot, vivre spirituellement le fait de cultiver les émotions, une sensibilité et des expériences profondes. Bâtir, donc, un monde qui s'efforce d'admirer, de s'étonner, de s'émerveiller au lieu de vouloir, pour les uns, prouver Dieu dogmatiquement, et pour les autres, douter de façon tout aussi dogmatique. Kant, autrement dit, en a eu l'intuition. Il est possible de construire un monde respectueux des croyances de chacun, et, de ce fait, tolérant. Il suffit pour cela de se fonder sur une culture de la profondeur. L'expérience le prouve. Lorsqu'un tel humanisme existe, il ne vient à l'idée de personne d'aller casser la figure à celui qui ne pense pas comme lui. On devrait le savoir. On ne le sait plus. Parce que l'homme-Dieu a décidé d'installer, non pas un humanisme de la profondeur, mais un humanisme à sa façon, reposant sur un seul principe : la liberté d'opinion. Stratégie subtile qui lui permet de réaliser son projet, à savoir : imposer son nihilisme. Concrètement, cela donne ce à quoi nous assistons aujourd'hui.

Il y a deux façons de parvenir à la tolérance. La première réside dans un très haut niveau d'éducation, de conscience morale et de spiritualité. La seconde dans la destruction de l'idée de vérité. Il est exigeant d'être tolérant et de ne pas se fâcher avec celui ou celle avec qui on n'est pas d'accord. Cela demande une ascèse. Quand on ne peut pas en payer le prix, cela donne la tolérance, celle-ci reposant pour l'homme-Dieu sur un principe simple « Il est interdit d'interdire ». Formule ouverte en apparence, sonnant le glas pour tout interdit. Formule fermée en réalité, celle-ci sonnant l'avènement d'un monde interdisant tout, comme en témoignent les trois moments mis à profit pour s'imposer.

Ainsi, premier temps. Lors d'une discussion, l'homme-Dieu est en face d'un interlocuteur qui s'appuie sur des arguments. Ayant mal ficelé son dossier, il est à court d'arguments et sent qu'il va bientôt devoir avouer sa défaite. Pour se sortir de ce mauvais pas, il sort sa première arme : *le dérapage.* Son interlocuteur parle sur le fond ? Il se met à parler sur la forme, en allant pointer dans le discours de son interlocuteur des vices de forme, des imprécisions quant aux dates, aux lieux, aux noms, aux citations. Tactique subtile. Son interlocuteur a fait quelques erreurs ? C'est un signe. Il a l'air honnête ? Il ne l'est pas. Si sa thèse était bonne il serait transparent. Or, il ne l'est pas. C'est donc que sa pensée ne l'est pas non plus. Comme l'interlocuteur est surpris, ébranlé, déstabilisé par cette discussion sur le détail à laquelle il ne s'attendait pas, l'homme-Dieu marque un point. Et il peut dire à cet interlocuteur que son idée est sans doute bonne, mais qu'il serait bien que celui-ci la retravaille. Quand on veut avoir raison, il ne faut pas être dans l'à-peu-près.

Si cela ne suffit pas à décourager son interlocuteur, l'homme-Dieu a une deuxième arme sous la main : *l'ouverture.* Il n'y a pas qu'un point de vue dans la vie. Il y en a plusieurs. Le monde est divers, multiple. Il faut être spatial. Il faut se spatialiser. Certes, l'interlocuteur a raison, et ses arguments ne manquent pas de poids. Mais, au vu de l'espace et du multiple, ce qu'il dit n'est pas le seul discours possible. Il y en a d'autres. Il faut qu'il y en ait d'autres. Les médias qui s'intéressent au « débat » raffolent de ce que Nietzsche a appelé le « perspectivisme ». Multiplier les points de vue ? C'est l'assurance de conserver de l'audience en établissant une discussion interminable à propos de tout. L'homme-Dieu le sait. Aussi en joue-t-il. Son interlocuteur a raison ? Certes, mais il a tort d'avoir raison. Il ferme le débat, alors qu'il faut l'ouvrir. De ce point de vue, l'homme-Dieu, qui a tort, a finalement raison. En sauvant le débat, il sauve l'ouverture. Cela ne suffit pas ? L'interlocuteur, qui a raison, ne s'excuse pas d'avoir failli clore la discussion en ayant raison ? Il reste une ultime façon de le déstabiliser.

L'humain. Il faut être humain. L'interlocuteur de l'homme-Dieu ne sait visiblement pas ce que cela veut dire. On était dans l'espace ? Passons dans le temps. La vie est changeante. Rien n'est fixe. L'interlocuteur de l'homme-Dieu ne s'est-il jamais trompé dans la vie ? N'a-t-il jamais changé d'avis ? Ne s'est-il jamais contredit ? Soit, l'homme-Dieu a dit tout et le contraire de tout ; mais, cela n'est-il jamais arrivé à son interlocuteur ? Cet interlocuteur a donc un problème. Il n'est pas humain. Il se prend pour Dieu. Il ne le sait pas. Il ne veut pas le savoir, mais l'homme est faible. Être humain, c'est accepter les faiblesses humaines. C'est même être ému par celles-ci en les trouvant belles. Il faut de tout pour faire un monde. Si tout était parfait, on s'ennuierait.

Quand tel est le cas, l'interlocuteur a du mal à s'en remettre. Bien que ce dernier ait raison, l'homme-Dieu lui a démontré qu'il avait tort en s'appuyant sur l'ouverture et l'humain. Quand on veut avoir raison, il faut faire preuve d'une certaine tolérance.

L'homme-Dieu a compris une chose importante qui lui permet d'être comme un poisson dans l'eau de la postmodernité. Quand on n'a pas le pouvoir des idées, si l'on veut avoir le pouvoir, il reste le pouvoir sur les idées. Il est possible d'avoir un tel pouvoir. Il suffit pour cela d'appuyer sur la touche *tolérance.* Sous l'Ancien Régime, les révolutionnaires l'avaient compris. Quand il s'est agi de museler le pouvoir du roi et de l'Église, ils ont appuyé sur cette touche. Bien évidemment, une fois au pouvoir ils se sont gardés de respecter cette même tolérance en ne supportant aucune critique. Quand on est l'homme-Dieu et que l'on a pour programme de sauver le monde, on peut dire comme Saint-Just : « Pas de liberté pour les ennemis de la liberté. » Pas de tolérance pour nos adversaires, nous qui sommes les champions de la tolérance.

Le crime parfait consiste à pousser l'autre à se suicider. En poussant les esprits à ne plus oser penser par peur de passer pour intolérant, la tolérance vue par l'homme-Dieu est le crime parfait de la postmodernité contre l'esprit.

4

Le règne de la sécurité

Alerte !

Quand on veut sauver l'humanité, il faut, bien sûr, devenir Dieu le Père en étant illimité, et être plein d'amour comme le Fils en promouvant l'égalité, mais il faut aussi être prévoyant et providentiel comme l'Esprit. D'où l'apparition d'un monde dominé par la sécurité et par trois éléments censés assurer celle-ci : *l'État, la surveillance* et *les alertes.*

La politique est, avec l'économie et les médias, la religion du monde moderne. Il n'y a rien d'étonnant à cela, l'État se faisant passer pour Dieu et la société attendant qu'il soit Dieu. C'est au XVIIe siècle que cette religion se met en place, lorsque Hobbes explique, dans le *Léviathan,* que l'humanité devient humaine grâce à l'État, celui-ci étant le seul moyen de sauver les hommes de la barbarie de l'état de nature dans lequel l'homme est un loup pour l'homme[1]. Aujourd'hui, cette logique sécuritaire débouche sur

---

1. Thomas Hobbes, *Léviathan,* trad. G. Mairet, t. I, *De l'homme,* chap. XIII, Gallimard (coll. « Folio Essais »), 2001, p. 220 *sq.*

le système dans lequel nous vivons : nous sommes de plus en plus assistés par un État de plus en plus intrusif. Une logique que Tocqueville résume bien dans le tableau saisissant qu'il brosse de ce qu'il sent venir : « Je vois une foule innombrable d'hommes semblables et égaux qui tournent sans repos sur eux-mêmes pour se procurer de petits et vulgaires plaisirs dont ils emplissent leur âme. Chacun d'eux, retiré à l'écart, est comme étranger à la destinée de tous les autres. Ses enfants et ses amis particuliers forment pour lui toute l'espèce humaine. Quant au reste des concitoyens, il est à côté d'eux, mais il ne les voit pas. Il les touche, mais il ne les sent pas. N'existant qu'en lui-même, s'il a une famille, il n'a pas de patrie, hormis en lui-même. Au-dessus de lui s'élève un pouvoir immense et tutélaire qui se charge seul d'assurer sa jouissance et de veiller sur son sort. Il est absolu, détaillé, régulier, prévoyant et doux. Il ressemblerait à la puissance paternelle si, comme elle, il avait pour objet de préparer les hommes à l'âge viril, mais il ne cherche au contraire qu'à les fixer irrévocablement dans l'enfance. Il aime que les citoyens se réjouissent pourvu qu'ils ne songent qu'à se réjouir. Il travaille volontiers à leur bonheur, mais il veut en être l'unique agent et le seul arbitre. Il pourvoit à leur sécurité, prévoit et assure leurs besoins, facilite leurs plaisirs, conduit leurs principales affaires, dirige leur industrie, règle leur succession, divise leurs héritages. Que ne peut-il leur ôter entièrement le trouble de penser et la peine de vivre[1] ? »

---

1. Alexis de Tocqueville, *De la démocratie en Amérique*, t. II, quatrième partie, Flammarion (coll. « GF »), 1996, p. 385.

Si le monde de la sécurité est dominé par l'État, il l'est aussi par la surveillance. Désormais, notre vie quotidienne est filmée, enregistrée, en un mot surveillée par des micros, des radars, des yeux électroniques, des caméras et des satellites capables de nous repérer, de nous localiser et de nous suivre. Ce qui n'est pas un hasard.

Comme le montre Michel Foucault dans son ouvrage *Surveiller et Punir*, ce système a une longue histoire puisqu'il se met en place, au XVIe et au XVIIe siècle, lorsque l'autorité royale découvre le pouvoir que donnent les supplices exécutés en place publique. On pense couramment que ceux-ci servent à punir. Erreur, ils sont là pour la foule plus que pour les criminels, pour que celle-ci soit terrorisée et ainsi dissuadée de toute révolte contre le prince, en se sentant surveillée par l'œil du prince entrant dans les consciences.

Au XIXe siècle, cette logique de surveillance se précise quand Jeremy Bentham imagine une prison, qu'il baptise le *panoptique*. Son principe est simple : une tour centrale, autour de laquelle rayonnent des cellules fermées sur cette face d'une simple grille. Un gardien, posté dans cette tour, peut ainsi embrasser toutes les cellules d'un seul regard[1]. Bentham a compris ce qui donne du pouvoir à l'État : faire en sorte que chaque citoyen se sente surveillé grâce à un système permettant de tout maîtriser d'un seul coup d'œil.

Dans sa fable *1984*, brossant le portrait d'un monde parfait, Orwell a parfaitement retenu la leçon. Pour arriver à la sécurité parfaite, il y a un moyen sûr : mettre en place un système de surveillance baptisé

1. Michel Foucault, *Surveiller et Punir*, Gallimard, 1976, p 197 *sq*.

Big Brother, Grand Frère, enregistrant tout et guidant tout, par le biais d'un réseau d'écrans. Si, dans *La Légende des siècles* de Victor Hugo, Caïn, après avoir tué son frère Abel, est poursuivi par l'œil de la conscience jusque dans une tombe où il est allé se réfugier, les habitants du monde orwellien sont placés, eux, sous l'œil de *Big Brother* dont la devise se résume en une formule : « *Big Brother is watching you* » (« Grand Frère te regarde »).

L'État et la surveillance sont des moyens sûrs pour parvenir à la société parfaite. À condition qu'on y ajoute la dernière trouvaille de l'homme-Dieu : un système anxiogène fondé sur un moyen magique, l'alerte.

Alerte à l'inquiétude

Régulièrement, le corps social se prend d'engouement pour des mots qui reflètent l'humeur du moment. Il y a quelques années, quand l'ordinateur a fait son entrée dans la vie quotidienne, le terme « mémoire » a été remplacé par celui de « disque dur », et le fait de mémoriser par celui d'imprimer. Si bien que l'on ne disait plus de quelqu'un qu'il avait une bonne mémoire, mais que son disque dur était capable d'imprimer. Aujourd'hui, un nouveau mot a fait son entrée dans notre vie quotidienne : celui d'« alerte ».

Vous pensez comme tout le monde que ce terme, qui indique le danger, appartient au registre militaire (il est question par exemple d'alertes aériennes). Vous vous souvenez – pour l'avoir vu dans des films montrant les bombardements durant la Seconde Guerre mondiale – que, en cas d'alerte, la population est invitée à se précipiter dans le métro pour y trouver refuge en attendant la fin de celle-ci. Eh bien, l'alerte ne concerne pas que la guerre : désormais, elle fait partie de la vie quotidienne sous la forme des alertes météo ou bien encore des alertes sanitaires.

L'alerte météo vient de ce que, de plus en plus, l'homme-Dieu est tenté de porter plainte contre Météo France quand on ne l'a pas prévenu qu'il allait y avoir de la pluie ou de la neige. Ah ! la neige. Chaque année, on a droit au même scénario. L'homme-Dieu prend sa voiture, non équipée de chaînes, pour rejoindre une station de ski, et se retrouve bloqué par des congères sur l'autoroute, avant de passer la nuit dans une école, du côté d'Albertville. Mais que font les autorités ! Elles auraient dû le prévenir. Pourtant, quand elles préviennent, il n'est pas content non plus. Quoi, on veut l'empêcher de rejoindre sa station, parce qu'il n'a pas les chaînes qu'il faut ? En clair, l'homme-Dieu attend d'être prévenu, mais surtout que les autres le soient et, s'il le faut, qu'ils soient arrêtés. Ce qu'il est en train de mettre en place.

Hier, lorsque l'homme-Dieu ne dirigeait pas le monde, la vie était insouciante. Aujourd'hui, depuis qu'il gouverne, les choses ont changé. Ainsi, plus question de prendre le train sans être alerté qu'il ne faut pas oublier de composter son billet, ne pas fumer, ne pas utiliser son portable, ne pas laisser ses bagages sans surveillance, ne pas monter dans un train en marche, ne pas en descendre non plus ne pas oublier de prevenir le contrôleur que l'on n'a pas de billet et, pour finir, ne pas oublier ses bagages. S'agissant du temps, le système mis au point par l'homme-Dieu lance des alertes à la pollution, lorsqu'il fait chaud, qui invitent à rester chez soi et à ne pas faire de sport ; et, lorsqu'il fait froid, il lance des alertes à la neige et au verglas ; lorsqu'il pleut, il lance des alertes aux intempéries et aux inondations. De même, l'homme-Dieu lance des alertes lorsque les vacances commencent, et quand elles finissent également. En cas de grippe H1N1, des alertes conseillent de se laver les mains ; en cas de menace terroriste, des alertes au colis suspect sont lancées ; lorsqu'un conducteur de métro se fait molester, des alertes avertissent qu'un mouvement social va avoir lieu ; sur les publicités pour les boissons alcoolisées, des alertes invitent à les consommer avec modération ; sur les paquets de cigarettes, des alertes rappellent que « fumer tue ». Ah ! fumer tue… Quelle merveille de logique et de cohérence ! Expliquer que le tabac est nocif tout en vendant des cigarettes !

Prévenant, l'homme-Dieu est imaginatif. Dernièrement, par exemple, il a suggéré que les menus des restaurants précisent à leurs clients tous les produits utilisés pour confectionner les plats, et ce afin d'éviter tout malaise allergique. Vous pensiez que cette déclaration ne concernait que les médicaments, les conserves et les produits d'entretiens ? Désormais, au restaurant, les plats servis seront listés, eux aussi.

Enfin, lorsqu'il prend sa voiture, non seulement l'homme-Dieu est rappelé à l'ordre s'il n'a pas attaché sa ceinture, mais il est assisté pour corriger sa trajectoire, se garer, freiner, tourner. Aujourd'hui, l'homme-Dieu conduit encore sa voiture. Demain, ce ne sera plus le cas, celle-ci étant appelée à se conduire toute seule.

Oui, pour prévenir et alerter, l'homme-Dieu est d'une imagination sans pareil. Ainsi, pour l'alcoolique désireux de décrocher, il est désormais possible qu'il enregistre sur son téléphone portable les adresses des cafés dans lesquels il a l'habitude de se rendre. Résultat : comme la clôture électrique le fait pour une vache dans un champ, dès qu'il approche de l'un de ces cafés, le téléphone envoie une décharge vibratoire destinée à le faire reculer devant la tentation. D'autres, plus hardis, pensent pouvoir, par de tels procédés, en finir avec la mort. C'est le cas, par exemple, de la Singularity University – créée entre autres par R. Kurzweil, l'un des piliers de Google et pionnier du transhumanisme – aux États-Unis, comme nous l'avons déjà vu. Aldous Huxley, avec son *Meilleur des mondes*, et George Orwell, avec *1984*, avaient imaginé une providence qui, pour sauver l'humanité, empruntait la forme d'un État mondial veillant à ce que l'humanité ne soit jamais malheureuse. Ils datent. Demain, celle-ci aura l'allure d'une montre avec des capteurs lançant des alertes.

Alerte à la quiétude

Si l'homme-Dieu veut que nous soyons heureux – il lance des alertes afin de nous éviter tout trouble –, il s'intéresse aussi à notre quiétude, en pensant qu'elle est nuisible quand il y en a trop. Aussi, des alertes viennent-elles nous réveiller et nous secouer.

L'important étant d'être partie prenante de son époque et d'être de son temps, il n'est pas question de manquer quoi que ce soit de ce qui se passe. D'où un changement de définition à propos de l'homme. Merleau-Ponty définit la condition humaine par le fait d'être au monde, être homme consistant à être vivant en étant ouvert sur le monde[1]. Cette définition date. Il faut la changer, être homme consistant à être au monde de l'info et pas simplement au monde. En témoigne le clip sonore qui sert à présenter France Info, radio remarquable au demeurant : « France Info, la radio de l'info. Des alertes, partout, tout le temps. France Info, le réflexe de l'info. » Une prise d'otages se produit à Paris ? L'auditeur arrive sur les lieux quasiment en même temps que la police. Celle-ci donne l'assaut et tue les preneurs d'otages ? L'auditeur assiste à l'assaut en entendant les coups de feu. Résultat : ayant eu le réflexe de l'info, il n'a rien perdu de ce qui s'est passé. Ce qui interroge. Quel en est l'intérêt ?

Il y a trois explications à cela. D'abord, un système de pouvoir. Lorsque l'on veut attirer les regards et l'attention rapidement, il existe un moyen sûr : faire sensation. On peut y parvenir en produisant ou en racontant des scandales. À condition de ne pas en faire trop. On peut aussi le faire en créant un climat haletant, mêlé d'anxiété, de façon à faire monter le taux d'adrénaline et un intérêt intellectuel stimulant la curiosité. En créant du stress positif, on est sûr d'accrocher l'auditeur, le téléspectateur ou l'internaute.

Au-delà d'un système de pouvoir, l'alerte renvoie à ce qui est demandé et pas simplement imposé. Il est grisant de tout savoir en étant au courant de tout. Cela donne un certain poids social. Au lieu d'être décalé, pas dans le coup, on est branché, mieux : « connecté ». On ne débarque pas…

---

1. Maurice Merleau-Ponty, *Phénoménologie de la perception*, Gallimard, 1972, p. 496 *sq.*

Enfin, l'alerte renvoie au nouveau visage de la providence et, par là même, de Dieu. Ainsi, économiser de l'argent est important, et parce qu'il faut connaître les « bons plans », désormais, une publicité ne s'appelle plus une publicité mais une alerte. Vous aimez la mode et vous avez plaisir à renouveler votre garde-robe ou vos chaussures ? Sachez que vous pouvez être prévenu à propos de toutes les promotions qui ont lieu en ces domaines en programmant votre smartphone à cet effet. Dès qu'une promotion intéressante pour vous aura lieu, une « alerte » vous préviendra. Et l'on peut imaginer que vous serez nombreux à vous précipiter dans les boutiques, comme on se rue dans une station de métro afin de se protéger du bombardement lors d'une attaque aérienne.

En d'autres termes, qui dit alertes dit bonnes informations. Qui dit bonnes informations dit bonnes affaires. Dans un monde où le plus informé gagne, il s'agit là d'un avantage précieux. Hier, la providence était religieuse. Aujourd'hui, grâce à l'information elle devient démocratique.

Dans la tradition chrétienne, la providence est la caractéristique de Dieu qui, voyant plus loin, prévoit et ainsi protège. Un événement heureux vous arrive ? C'est la providence qui a agi pour que tout se passe divinement bien. Avec l'alerte, il est possible de se délivrer de Dieu en étant désormais protégé par l'information.

Ainsi, programmons notre ordinateur de façon à être prévenu à propos de toutes les bonnes occasions qui se présentent dans tous les domaines. La providence va s'activer, et toutes sortes d'opportunités tomberont divinement bien. De sorte que, pour reprendre l'expression utilisée par Épicure, nous serons « comme des dieux parmi les hommes », du fait d'être informés. D'où la justesse de la formule « le réflexe de l'info ». Terme révélateur. L'information dans la peau. L'information comme seconde nature, nous protégeant comme Dieu protège grâce à ce regard sur le monde qui n'appartient qu'à lui. L'information comme vision capable de tout couvrir d'un seul regard en se transportant en un instant d'un bout à l'autre de la planète. L'information comme œil permettant de tout voir et d'être au courant de tout sans rien manquer. L'information comme système d'alertes sur le portable prévenant qu'il faut aller immédiatement lire, voir, écouter pour en savoir plus. L'information comme hyper-information que l'on reçoit et que l'on respire comme un patient à l'hôpital, quand il est sous perfusion ou bien sous assistance respiratoire.

Alerte à la discrimination

L'alerte n'a pas qu'un usage commercial ou médiatique. Elle a aussi un usage politique et militant, comme le montre le phénomène des alertes langagières, plus connu sous le nom de *politiquement correct,* lancé dans les années soixante-dix du siècle dernier par les féministes américaines. Celui-ci part d'un constat simple. Si l'on veut pouvoir libérer les femmes et, avec elles, toutes les minorités opprimées, il importe d'introduire une lutte militante dans le langage. Les femmes qui ont un sexe de femme devraient avoir des mots de femme pour pouvoir exprimer leur être de femme. Il s'avère qu'elles ne le peuvent pas, parce qu'elles sont obligées de passer par des mots masculins lorsqu'elles veulent exprimer leur être de femme. Ce qui a pour conséquence de leur interdire d'être elles-mêmes. D'où l'urgence, pour libérer les femmes, de revenir à un langage de femme en féminisant les mots et en veillant à ce qu'ils soient féminins.

Ainsi, lorsqu'elle écrit, une femme devrait disposer d'un mot féminin pour exprimer le fait qu'elle écrit. Ce qui n'est pas possible, une femme qui écrit étant appelée une femme écrivain. D'où l'urgence de rectifier le langage afin de faire disparaître ce viol, en appelant par exemple une femme qui écrit « une écrivaine », et non plus une femme écrivain. On aimerait pouvoir dire « Pourquoi pas ? » si les choses se passaient bien, avec un certain humour. Mais tel n'est pas le cas.

Vous êtes un jour invité à dîner et, au cours de la conversation, vous parlez d'une femme écrivain. Que n'avez-vous pas dit ! Une femme-Dieu présente dans ce dîner va se charger de vous rappeler qu'on ne dit pas écrivain, mais écrivaine. La conversation continue sur les femmes de ménage que vous appelez femmes de ménage. Deuxième remontrance : vous venez d'insulter, non seulement les femmes, mais les travailleurs modestes. Une femme de ménage est une technicienne de surface. Pour changer de sujet, la maîtresse de maison aborde la question du handicap, et vous parlez des aveugles, des sourds, des nains, des obèses et des paralysés. La femme-Dieu va là encore se charger de faire votre éducation en vous expliquant qu'il faut dire mal-voyant et non aveugle, mal-entendant et non sourd, personne de petite taille ou verticalement défavorisée et non nain, personne angulairement déviée et non obèse, enfin personne à mobilité réduite et non paralysé.

Vous ne vous en rendez peut-être pas compte, mais vous discriminez. Et si vous êtes ainsi, c'est parce que vous êtes aliéné par le système qui vous conditionne depuis votre enfance. On n'est pas encore sanctionné pour cet usage du langage, mais les choses vont changer. Quand il y aura un pouvoir politiquement correct, ne pas user des mots qu'il faut constituera un délit, et on pourra aller jusqu'en prison pour cela. S'il y a en chaque être humain un Mozart que l'on assassine, ainsi que l'a dit Saint-Exupéry, il y a en chacun de nous, et plus précisément en vous qui vous exprimez mal, un réactionnaire bourré de préjugés et de stéréotypes. Ne dites pas non, vous vous trahiriez en prétendant le contraire. Si vous niez, c'est bien la preuve que vous l'êtes. Quand on a la conscience tranquille, on n'a pas besoin de nier.

Au Moyen Âge, les inquisiteurs forçaient leurs victimes à avouer avoir conclu un pacte avec le diable et, lors des procès de Moscou à l'époque de Staline, les commissaires du peuple forçaient des communistes parfaitement intègres à avouer un complot anticommuniste, commandité par le capitalisme afin de saboter la révolution populaire. Avec le politiquement correct, les inquisiteurs et les commissaires du peuple ne sont pas morts, ils sont bien vivants. Alertes. Surveillant votre langage. En ne perdant pas une occasion de militer, y compris celle d'un dîner. Ce qui n'est pas sans efficacité.

Ainsi, après que vous aurez reçu une bonne avoinée en public, au cours de ce genre de dîners, vous allez faire attention. Et vous allez vous censurer en vous mettant vous-même en état d'alerte. Et, ce faisant, vous allez faire le bonheur de l'homme-Dieu qui aura gagné un adepte de plus sans que vous vous en rendiez compte. Allons au bout de la logique du politiquement correct. Que trouvons-nous ? Le Jugement dernier. Le tribunal de l'Histoire. Dieu le Père qui vient, comme un professeur, ramasser les copies afin d'absoudre ou de damner. Vous avez craint ce Dieu terrible que vous avez croisé lors d'un dîner, que vous avez entendu à la radio ou vu à la télévision ? Sachez qu'il vous a possédé. Il a gagné, il est désormais logé dans votre subconscient, tel un surmoi surveillant ce que vous dites avec une obsession en tête : la lutte contre le racisme et contre ses avatars, à savoir toutes les formes possibles de discrimination. En ce sens, l'homme-Dieu, *alias* le Jugement dernier, a une ligne et une seule : hors de la lutte, point de salut. D'où pas question pour lui d'être autre chose qu'un militant, faisant la leçon au monde afin de lui montrer comment on doit *bien* penser. La bête immonde étant toujours là, prête à ressurgir, il faut se montrer vigilant. Ce que l'homme-Dieu s'emploie à faire en mettant en place des comités de vigilance et des associations de surveillance lançant des alertes à propos de tout. Avec un objectif : exclure toutes les exclusions, faire peur à toutes les peurs, installer un climat de phobie à l'égard de toutes les phobies. Au nom de la démocratie.

Alerte à l'imprévoyance

Pour l'homme-Dieu qui rêve de sauver le monde en établissant le paradis sur la terre, lancer des alertes sanitaires ainsi que des alertes mentales est assurément un progrès. Mais, cela ne suffit pas. Il faut aller plus loin, passer à la vitesse supérieure. Ce que l'on parvient à faire en transformant l'intelligence, la morale et la politique.

Ainsi, s'agissant de l'intelligence, Gaston Bachelard, qui réfléchissait sur l'esprit scientifique et donc sur le rationalisme, est parvenu à trois conclusions. La première est qu'il faut, pour devenir rationnel, surveiller sa pensée de façon à ne pas laisser l'imagination et ses images l'envahir. La deuxième est qu'il faut surveiller non seulement sa pensée mais la surveillance elle-même, de façon à ne pas trop se surveiller[1]. La troisième, enfin, est que, puisqu'en science on se trompe toujours, les vérités premières n'existant pas, penser revient à penser ce à quoi on aurait dû penser et à quoi on n'a pas pensé[2]. J'aime beaucoup Bachelard, ses livres n'ont cessé de me nourrir. Reste que, en le relisant, je m'interroge. Ses analyses ne cèdent-elles pas à la tentation de l'homme-Dieu ?

Comment penser en se surveillant ? Penser n'est-ce pas se laisser habiter par une pensée en la méditant ? N'est-ce pas savourer une pensée en en faisant son miel ? En outre, surveiller sa surveillance afin de ne pas trop surveiller, est-ce cesser de surveiller ? N'est-ce pas être dans une hyper-surveillance, une surveillance capable de tout surveiller y compris la surveillance elle-même ? Enfin, comment parvenir à penser ce à quoi on aurait dû penser et à quoi on n'a pas pensé ? Qui le peut ? Quelle intelligence humaine en est capable ?

Dans *La Formation de l'esprit scientifique*, Bachelard explique que l'esprit humain est embarrassé par

---

1. Gaston Bachelard, *Le Rationalisme appliqué*, PUF, 1998, p. 65.
2. Gaston Bachelard, *La Formation de l'esprit scientifique*, *op. cit.*, p. 13.

toutes sortes d'images qui l'empêchent d'avoir accès à la science : sans le savoir, il est victime d'un désir inconscient fortement libidinal d'avaler le monde[1]. Quand penser revient à se surveiller, à surveiller sa surveillance et à penser ce à quoi on aurait dû penser, s'est-on libéré de ce désir glouton ?

Je vois cet homme glouton agir dans les sciences. Je le vois également agir dans la pratique. Ainsi, vous pensez qu'être responsable consiste à assumer ses actes et donc à déterminer la responsabilité en fonction de ce que l'on a fait ? Erreur ! Être vraiment responsable consiste à prévoir et pas simplement à assumer. Cela revient à déterminer la responsabilité en fonction de ce que l'on aurait dû penser et à quoi on n'a pas pensé. Si bien que, si vous n'avez pas imaginé tous les accidents qui peuvent se produire dans l'existence, vous êtes responsable de celui qui se produit. C'est de votre faute, vous auriez dû y penser.

Dans le monde d'aujourd'hui, fabriquer un objet ne suffit plus. Il faut fabriquer un objet sécurisé en envisageant tous les détournements possibles de celui-ci. Il y a quelques années, lorsque l'on faisait construire une piscine, on ne s'occupait pas de ce qu'il y avait autour. Aujourd'hui, les choses ont changé. Comme il faut imaginer qu'un enfant peut échapper à la surveillance de ses parents et aller se noyer dans celle-ci, il faut installer une clôture grillagée autour d'elle. En outre, comme la nuit, à cause de l'obscurité, un adulte peut tomber dans celle-ci et s'y noyer, il importe de la couvrir d'un manteau protecteur. Certes, il est tragique qu'un enfant se noie et l'on a raison de prendre des

1. *Ibid.*, p. 169.

mesures de précaution. Mais comment ne pas voir qu'à force de protections diverses et variées, notre vie quotidienne se couvre de grillages, d'alarmes et d'interdits ?

À Orléans, un grand fumeur atteint d'un cancer va se faire soigner à l'hôpital. Guéri, il rentre chez lui et se remet à fumer. D'où un deuxième cancer qui le conduit de nouveau à l'hôpital où il est soigné. Guéri encore une fois, il rentre chez lui et se remet à fumer. Cette fois, il a moins de chance et il meurt. Vous croyez que sa famille a pensé que ce fumeur aurait dû comprendre dès le premier cancer que fumer est nuisible à la santé et qu'il aurait dû écouter les avertissements que son corps lui lançait ? Vous imaginez que cette même famille s'est dit que, si elle avait été un peu plus persuasive, elle aurait pu aider ce fumeur à cesser de fumer ? Vous n'y êtes pas. La famille a intenté un procès au fabricant de cigarettes et l'a, pour partie, gagné. Le tribunal a jugé que le fabricant était responsable du cancer de ce fumeur invétéré, pour ne pas avoir prévenu que le tabac est dangereux. À cette époque, il n'était pas encore inscrit sur les paquets de cigarettes que fumer tue, photos de poumons dévastés par le tabac à l'appui. Là encore, le fabricant de cigarettes n'a pas compris ce qu'est le monde d'aujourd'hui. Il aurait dû penser à tout ce qui concerne son client, et ne pas se contenter de vendre des cigarettes. Il aurait donc dû imaginer qu'il est possible que l'un de ses clients, atteint de trois cancers successifs, persiste à fumer.

Alerte à l'irresponsabilité

Le problème qui se pose avec Bachelard se pose aussi avec Sartre. Quand, sur le plan de la morale, il explique qu'il faut être « radicalement responsable », ne cède-t-il pas, lui aussi, à la tentation de l'homme-Dieu[1] ? Ainsi, lorsqu'il écrit qu'il faut arrêter d'être de mauvaise foi et de se donner bonne conscience en recourant à la nature humaine, à des excuses ou bien encore à la fatalité pour justifier le fait que l'homme refuse d'être libre, on se dit que les choses semblent bien engagées. Toutefois, quand on avance dans la lecture, on s'interroge.

Ainsi, quand Sartre avance que l'homme n'a ni essence ni nature, pourquoi ajoute-t-il, par ailleurs, que « son essence est de ne pas en avoir[2] » ? Si l'essence de l'homme est de ne pas en avoir, c'est donc qu'il y en a une. De même, quand il déclare qu'il n'y a ni fatalité ni destin, pourquoi ajoute-t-il que l'homme est « condamné à être libre[3] » ? Si la liberté est le destin de l'homme, c'est donc qu'il y a un destin. Enfin, quand il souligne que l'homme est sans excuses, pourquoi excuse-t-il le communisme en URSS et en Chine, les terroristes palestiniens et les membres de la bande à Baader en Allemagne, ou Jacques Mesrine en France ? Si les terroristes palestiniens ont des excuses pour avoir assassiné seize athlètes israéliens à Munich en 1972, c'est donc qu'il y a des hommes qui ont des excuses.

---

1. Jean-Paul Sartre, *L'existentialisme est un humanisme*, Gallimard (coll. « Folio Essais »), 1996, p. 31.
2. *Ibid.*, p. 29.
3. *Ibid.*, p. 39.

Sartre, autrement dit, se contredit en prétendant que la nature humaine, le destin et l'excuse n'existent pas. Ce qui n'est pas un hasard. Partisan d'une liberté à la fois radicale et absolue, il n'est pas tant contre toute essence, tout destin et toute excuse, que pour une certaine essence, un certain destin et certaines excuses. En l'occurence, ceux de la liberté. Ce qui a deux conséquences.

La première est de fonder l'irresponsabilité intellectuelle et morale. Que des intellectuels, des artistes, des journalistes et des hommes politiques se permettent de dire tout et le contraire de tout avec une arrogance, une mauvaise foi et une bonne conscience rares vous étonne ? Ne soyez nullement étonné. C'est à Sartre qu'ils le doivent, celui-ci leur ayant appris que, lorsqu'on défend la liberté, l'homme et l'athéisme révolutionnaire, on a tous les droits. Il est juste que celui qui pense bien ait des droits que les autres n'ont pas. Les combattants de la liberté méritent quelques égards.

La seconde conséquence du culte sartrien de la liberté est de légitimer le mépri lointain et péremptoire à l'égard de tous ceux qui ne pensent pas bien. Ainsi, vous pensez que l'homme n'est pas Dieu, parce que Dieu est de l'ordre du Tout-Autre, comme le dit Rudolf Otto[1]. Vous pensez également que le mal existe et que les conditions politiques et sociales n'expliquent pas tout. Vous pensez, de ce fait, que l'on ne peut pas rendre la société responsable de tout. Vous ne croyez pas, autrement dit, qu'il est possible de bâtir une humanité d'hommes-Dieu en liquidant un certain nombre d'individus désignés comme ennemis du genre humain ?

1. Rudolf Otto, *Le Sacré*, trad. A. Jundt, Payot, 1969, p. 45.

Eh bien, pour reprendre les mots de Sartre, vous êtes un « salaud ». C'est à cause de « chiens » dans votre genre que l'humanité ne parvient pas à se délivrer de ses chaînes et que le peuple souffre. Puisque vous êtes homme et que vous avez une conscience, vous devriez agir en sorte que l'homme advienne dans l'homme. Si vous ne le faites pas, c'est que vous avez choisi de ne pas assumer la liberté qui est en vous. Cette attitude est révélatrice : Sartre a choisi d'être le tribunal de l'humanité. Comme le sont le communisme totalitaire et le terrorisme révolutionnaire. Il n'est pas le seul.

Observons notre vie quotidienne. Nous sommes devenus sartriens sans le savoir. Dès qu'un incident se produit, nous recherchons un responsable, clamant qu'il n'y a pas de fatalité. Ainsi, un enfant de 10 ans se tue en se suspendant à un panneau de basket-ball mal scellé qui s'écroule sur lui ? Le maire du village dans lequel l'accident s'est produit est mis en examen et poursuivi en justice. Il aurait dû faire vérifier la solidité de l'installation. Des enfants se noient dans le lit d'un torrent, au cours d'une sortie scolaire, parce qu'EDF procède à un lâcher d'eau depuis sa centrale ? L'institutrice, qui organisait la sortie et qui ignorait tout du projet d'EDF de remettre la rivière en eau, est, elle aussi, mise en examen et poursuivie en justice. Elle aurait dû s'informer des projets d'EDF concernant le torrent.

Descartes explique dans sa morale provisoire qu'il vaut mieux agir et faire des erreurs que ne pas agir par peur de faire des erreurs[1]. À force de nier la fatalité au nom de la responsabilité en exigeant que ceux qui

1. René Descartes, *Le Discours de la méthode*, troisième partie, Nathan, 1982, p. 50.

agissent prévoient l'imprévisible, on renonce à agir par crainte de faire des erreurs et de se retrouver en prison. La responsabilité et le principe de précaution sont en train de tuer l'action. Hier, être responsable c'était agir. Aujourd'hui, être responsable c'est renoncer à agir.

Alerte au conservatisme

Les bouddhistes enseignent qu'il faut se méfier du mental. Quand on entend diriger le monde sous son influence, c'est lui qui finit par nous diriger. Ce qui est arrivé à Bachelard, sa critique du rationalisme se transformant en hyper-rationalisme, en est la preuve. Ce qui est arrivé à Sartre, sa critique du destin se transformant en hyper-fatalisme, en est une autre preuve. Il y a là une leçon instructive.

Quand l'homme-Dieu entend dominer le monde, il commence par le contrôler. Mais il ne le contrôle vraiment totalement que lorsqu'il passe à la vitesse supérieure en développant un hyper-contrôle, sous la forme d'un contrôle du contrôle. Ainsi, vous pensez que la critique de l'homme-Dieu va nous permettre d'échapper à l'emprise de celui-ci ? Vous n'y êtes pas, elle va la renforcer ! Molière, au XVIIe siècle, a parfaitement repéré ce mécanisme avec son *Misanthrope.* Alceste, le héros, souffre du monde et de ses mensonges. Il aimerait que la société cesse de mentir et de jouer la comédie. Et, pour cela, quand il va dans les salons, il n'hésite pas à faire scandale. Vous croyez que la société s'en plaint ? Vous vous trompez. Elle adore Alceste ! En jouant à la contester, celui-ci alimente le jeu social qui a tendance à ronronner.

Molière a compris quelque chose d'essentiel. Le « système » mis en place par l'homme-Dieu se nourrit de la critique du système. Cela se voit bien aujourd'hui où le rebelle nourrit le néocapitalisme mondial en devenant le modèle à suivre. Et pour cause : plus le rebelle est rebelle, plus il est individualiste, et plus il alimente la logique ultralibérale de l'homme-Dieu et de sa machine à fabriquer des hommes-Dieu. Au lieu de poursuivre les pirates informatiques, les fameux hackers, les grandes firmes et les pouvoirs publics les engagent pour qu'ils les aident à se protéger d'autres hackers. Les grandes firmes informatiques ont parfaitement compris la logique de l'homme-Dieu. Cette logique de l'hyper-contrôle par la critique du contrôle est manifeste dans notre monde. Elle l'est aussi en philosophie.

Prenons Nietzsche. Vous pensez peut-être que celui-ci est un adversaire de la morale et du contrôle, parce qu'il en a fait une critique cinglante dans *La Généalogie de la morale*, montrant comment les faibles ont l'art de contrôler les forts en les culpabilisant. Grossière erreur : Nietzsche n'envoie pas promener morale et contrôle, mais il les renforce. Le contrôle social passait hier par la figure de l'homme vertueux. Elle passe aujourd'hui par celle du rebelle libertin et égoïste. Témoin, ce marque-page distribué par la mairie de Strasbourg, lors d'une semaine de manifestations culturelles à la médiathèque en octobre 2013, sur lequel on pouvait lire « Libre et rebelle ». Hier, l'anarchisme libertaire était assimilé à l'anticonformisme. Aujourd'hui, il est devenu l'expression du conformisme, son modèle dominant. Il faut être rebelle. Les médias nous y incitent. Les psychologues nous le conseillent. Michel Onfray en fait la philosophie[1]. Cette logique se retrouve chez Michel Foucault.

Nous l'avons vu lorsqu'il il a été question de l'analyse de la surveillance par Michel Foucault dans *Surveiller et Punir*. Il existe une logique de surveillance dans la société, dont le fin du fin est d'aboutir à ce que chaque citoyen se surveille, se contrôle, se censure, se culpabilise, se juge et, finalement, se condamne, sans que le pouvoir n'ait rien à faire. Ne pensons pas, toutefois, que la pensée de Foucault aboutisse à la fin de toute surveillance. Quand Nietzsche soupçonne la morale, il la surveille. Quand Foucault critique la montée de la surveillance, il la surveille également. Il existe aujourd'hui des logiques politiques de contre-pouvoir face aux pouvoirs existants. Ces logiques surveillent et sont pleines de pouvoir, elles aussi. Au milieu du XXe siècle, Alain suggérait que les non-compétents contrôlent les compétents pour freiner le pouvoir[2]. Ne pensons pas que cela puisse freiner celui-ci. Cela l'augmente. Si bien qu'il faut s'interroger. La démocratie n'est-elle pas en train de devenir un totalitarisme sournois, comme l'a dit Tocqueville ? Avec les associations de consommateurs, les comités de vigilance, les mouvements citoyens, les veilles Internet, la création d'observatoires de la démocratie, du racisme, de l'antisémitisme, de l'homophobie, de l'islamophobie, etc., bref avec l'apparition du contrôle citoyen, n'est-ce pas ce qui est en train de se passer ? Au nom de la démocratie, le monde de l'hyper-contrôle n'est-il

1. Michel Onfray, *Politique du rebelle. Traité de résistance et d'insoumission*, Le Livre de Poche, 1999.
2. Alain, *Propos sur les pouvoirs*, Gallimard (coll. « Folio Essais »), 1985, p. 136 *sq*.

pas en train de prendre le pouvoir ? Et l'intellectuel hypercritique n'en est-il pas responsable ?

Alerte à l'oubli

Le 1er juillet 2013, à Brétigny-sur-Orge, un déraillement ferroviaire fait huit morts. Le 1er juillet 2014, un an après ce drame, une cérémonie est organisée à la mémoire des victimes sur les lieux mêmes de l'accident. Interrogée à propos du sens de sa présence, une participante explique que l'on n'a pas le droit d'oublier. Que l'on organise un moment de recueillement en mémoire de cet accident tragique est hautement estimable, et il ne saurait être question d'en critiquer le principe. Reste que les mots employés par cette participante font quelque peu sursauter. « On n'a pas le droit d'oublier » : ce sont les termes mêmes que l'on utilise quand il est question de la Shoah. Un accident ferroviaire, les camps de la mort : peut-on, au nom du devoir de mémoire, mettre les deux choses sur le même plan ? Un accident ferroviaire n'est tout de même pas un crime contre l'humanité, ni un crime contre l'humanité un accident ferroviaire. Or, sous prétexte de mémoire et de compassion, voilà qu'on ne fait plus la différence.

Dans notre monde dominé par l'homme-Dieu, comme il n'y a plus de Dieu, il n'y a plus de mal. Comme il n'y a plus de mal et qu'il faut malgré tout en parler, il ne reste plus qu'une possibilité : identifier le mal à des idées et des individus qui en deviennent l'incarnation. Constatons-le : Hitler et le nazisme sont devenus les expressions de cette incarnation. Ce qui n'est pas la meilleure façon de lutter contre eux et de se prémunir face au retour éventuel du nazisme. Parmi les contrecoups qu'une telle confusion provoque, le premier est un effet d'occultation.

Le mal n'est pas quelque chose qui s'est déroulé une seule fois, entre 1939 et 1945 il y a soixante-dix ans en Europe. Il s'est manifesté avant et partout, et il continue de se dérouler aujourd'hui et partout par le biais d'atrocités qui ne sont pas nazies. À force de ne voir que le nazisme comme figure du mal, loin d'être dans la mémoire, on bascule dans l'oubli en occultant toutes les horreurs qui ont lieu et qui, pour n'être pas nazies, n'en sont pas moins abominables. Si bien que, regardant le mal d'aujourd'hui avec les yeux d'hier, on finit par ne plus voir le mal existant et par ne plus savoir l'interpréter.

Outre cet effet d'occultation, il y a celui que produit l'obsession du nazisme. Comme celui-ci incarne le mal, si, à propos de tout mal qui se produit, on ne parle pas de nazisme, on n'a pas parlé du mal. Il n'a pas été nommé. Aussi faut-il choisir : avoir le droit de parler du mal en opérant ce que François de Smet appelle une *reductio ad Hitlerum*, ou se taire[1].

À la suite des attentats contre *Charlie Hebdo* le 7 janvier 2015, le point Godwin – à savoir le temps qu'il faut au cours d'un débat pour prononcer les mots « nazi » ou « Hitler » – a rapidement été atteint. Ainsi, sur France Info, des responsables politiques ont très vite expliqué que, l'islam n'ayant rien à voir avec le terrorisme, il fallait avant tout combattre l'islamophobie et le racisme. Il fallait donc transformer l'attentat

1. François de Smet, *Reductio ad Hitlerum*, PUF, 2014.

contre *Charlie Hebdo* en lutte contre le racisme antimusulman. Par ailleurs, d'autres responsables politiques sont venus expliquer sur les ondes leur volonté ferme et déterminée de ne pas aller manifester aux côtés de Marine Le Pen et de l'extrême droite. Enfin, dans le cadre de la lutte contre cette même extrême droite, un journaliste n'a pas hésité à rapprocher l'intégrisme catholique de l'intégrisme musulman, en exhumant pour cela des archives sonores relatant une rencontre entre un prêtre catholique intégriste et le maréchal Pétain. Dans *Le Monde*, le même jour, un universitaire a lui aussi pratiqué un tel amalgame, en n'hésitant pas à assimiler les marcheurs de La Manif pour tous à des intégristes catholiques et les intégristes catholiques à des djihadistes. Mettons bout à bout la transformation de l'attentat contre *Charlie Hebdo* en une lutte contre le racisme, le refus d'aller manifester contre le terrorisme avec Marine Le Pen et la confusion entre intégrisme et pétainisme, que voyons-nous ? Une chose : l'attentat contre *Charlie Hebdo* a été réduit à un avatar du fascisme. Donc, le mal est nommé.

D'où – et c'est le troisième effet de la confusion entre mal et nazisme – les débordements du type de ceux de la dame assimilant un déraillement ferroviaire à un crime contre l'humanité. Débordement traduisant la place qu'a prise l'homme-Dieu dans l'inconscient collectif. Comme l'heure est à la production d'une néo-humanité responsable et prévoyante, qui poursuit les objectifs du zéro-maladie et du zéro-discrimination, la SNCF, qui n'a pas respecté ce système fondamentalement bon, a commis un crime contre l'humanité digne du nazisme.

La démocratie est un don précieux qu'il faut préserver. On la préserve lorsque l'on élève sa pensée et sa conscience, et non en devenant un flic en son nom. L'homme-Dieu préférant être un flic plutôt que hausser sa pensée et sa conscience, celui-ci est aujourd'hui en train de la détruire. Son agitation face au totalitarisme comme face au nazisme en est la preuve. Il va falloir un jour qu'il ose regarder cette vérité en face. À force de lutter, comme il le fait, contre le totalitarisme, il est en train de le faire revenir sournoisement. À force d'être obsédé par le nazisme, il le fait insidieusement exister.

CONCLUSION

Tel un colosse aux pieds d'argile

JANVIER 2015, alors que la France est sous le choc après les attentats terroristes qui viennent de se produire, une spécialiste des dérives sectaires de l'islam, Dounia Bouzar, commente à la radio ce qui vient de se passer. Les terroristes islamistes veulent purifier le monde, explique-t-elle. Ils se prennent pour Dieu. En l'écoutant, je pense à cette conférence en Belgique où Lacan répondait à un étudiant qui l'insultait en lui lançant un verre d'eau à la figure : « Vous vous prenez pour un ange purificateur. »

L'homme-Dieu est partout. Il est dans l'homme cagoulé qui terrorise la foule avec son fusil d'assaut. Il est dans ces jeux vidéo qui proposent d'éliminer tous les obstacles, qu'ils soient matériels ou humains. Il est dans les magazines qui donnent des conseils pour devenir des dieux et des déesses à coup de crèmes « divines ». Il est dans nos têtes et dans nos cœurs qui glorifient notre moi. Il est dans notre inconscient et dans nos rêves les plus inavoués.

Notre monde est dominé par la logique de l'homme-Dieu. Cette logique parle tellement au narcissisme des foules en étant tellement bien orchestrée par des lobbies politico-médiatiques qu'il n'est pas pensable qu'elle s'arrête demain. Toutefois, cette logique est tellement folle, tellement catastrophique, tellement suicidaire, qu'il va bien falloir en sortir. On peut en sortir. Il suffit pour cela de faire une révolution intérieure en passant de l'homme-Dieu au Dieu fait homme.

Le Dieu fait homme est un Dieu humble. Celui qui nous manque tellement et dont l'absence fait tant de mal. En Occident, quand elle a été dans l'orgueil de Dieu, la religion a tué Dieu. Le terroriste qui tue au nom de Dieu, afin de faire triompher sa grandeur, le tue lui aussi. Notre monde pense pouvoir se délivrer de l'orgueil de Dieu en le remplaçant par l'orgueil de l'homme. Ce qui est une erreur, supprimer l'orgueil de Dieu se réalisant par le fait de supprimer l'orgueil et non par le fait de supprimer Dieu.

On peut supprimer l'orgueil. Il suffit pour cela de revenir à Descartes et aux deux idées qu'il développe dans ses *Méditations métaphysiques*. Première et belle idée : il n'y a pas rien. Arrêtons de penser que rien n'existe. Finissons-en avec le nihilisme désespéré. Nous existons, et notre existence est la démonstration que l'existence existe bel et bien. Par ailleurs, nous ne sommes pas seuls au monde. Il n'y a pas que l'homme, et l'homme n'a pas tout inventé. Il n'a pas inventé Dieu, parce que Dieu ne s'invente pas. Il y a de l'Autre, de l'Autre avec un grand A, du Tout-Autre.

Nous sommes tentés par le nihilisme, qui explique que rien n'existe, et par le désespoir, qui raconte que l'homme est seul au monde. Il faut en sortir. On peut en sortir. Ayons le sens de nous-mêmes et de l'Autre. Acceptons le fait d'exister, et consentons à ce que l'Autre existe. Ne soyons pas comme le nihiliste, qui n'accepte pas d'exister, et comme le désespéré, qui refuse l'Autre. Acceptons l'existence de l'homme comme celle de Dieu. On sort de l'impasse. On arrête d'étouffer. C'est ce que fait l'homme juste : il accepte que tout existe, lui et l'Autre. C'est ce que fait le Dieu juste, qui accepte lui aussi que tout existe, lui et cet autre qu'est l'homme. C'est ce qui fait le sens de la plénitude, qui permet à tout d'exister : le cosmos, l'homme, le divin[1].

Quand le monde cède au nihilisme et au désespoir, celui-ci devient un théâtre de cruauté dans lequel l'homme est sacrifié par un Dieu fier, et Dieu est sacrifié par un homme fier. Quand le monde connaît le souffle de la plénitude, il sort de la cruauté et de son cauchemar. C'est ce que montre la tentation du Christ au désert[2].

Ayant jeûné durant quarante jours, il est sur le point d'entamer sa mission qui est de sauver le monde. Deux possibilités s'offrent alors à lui. Adorer l'homme-Dieu, c'est-à-dire le Satan, comme le lui propose le tentateur. Être, donc, celui qui va sauver le monde. Ou laisser l'Esprit agir. En choisissant l'humilité de Dieu et non son orgueil, il choisit de ne pas devenir l'homme-Dieu. Ce qui débouche sur la croix. Les religions orgueilleuses ne le font pas. Les humanismes orgueilleux ne le font pas non plus. Dans *Les Frères Karamazov* de Dostoïevski, le Grand Inquisiteur, qui veut devenir celui qui va sauver le monde, choisit l'homme-Dieu et rejette le Dieu fait homme[3]. Il incarne

---

1. Nicolas Berdiaev, *De la destination de l'homme*, trad. C. Andronikof, L'Âge d'homme, 1979.
2. Matthieu 4, 1-11.
3. Fédor Dostoïevski, *Les Frères Karamazov*, trad. H. Mongault, t. I, Gallimard (coll. « Folio »), 1988, p. 345.

l'orgueil des religions. Dans *Les Possédés*, les nihilistes révolutionnaires, qui veulent sauver le monde, ont eux aussi choisi l'homme-Dieu en rejetant le Dieu fait homme. Ils incarnent l'orgueil des humanismes.

On sort de cette folie en revenant à l'essentiel, qui vient de l'intérieur. Antonin Artaud en parle bien quand, au début du *Théâtre et son Double*, il écrit : « Nous avons surtout besoin de vivre, de croire à ce qui nous fait vivre et que quelque chose nous fait vivre[1]. » Flore Delapalme appelle ce retour à l'essentiel la vie intérieure[2]. Sens de nos limites, loin des folies du « tout ou rien », de l'orgueil et du désespoir, cette vie est cette ouverture du cœur dont parlent toutes les spiritualités, cette ouverture faisant de nous des êtres justes, ayant une assise. Quand Descartes fait l'expérience de la pensée qui le conduit vers la vie juste, au-delà de l'orgueil et du désespoir, c'est elle qu'il pratique. C'est elle qui, sous la forme de ce qu'il appelle « le cœur conscient », au-delà de la résignation et de la révolte permet à Bruno Bettelheim de revenir vivant des camps de la mort[3].

Artaud, Descartes, Bettelheim ont fait la même expérience. Celle de l'individu fondamental dont parle Maurice Clavel, quand il analyse Socrate comme nous-mêmes[4]. Robert Antelme qui a, comme Bruno Bettelheim, fait l'expérience des camps de la mort,

---

1. Antonin Artaud, *Le Théâtre et son Double*, Gallimard (coll. « Folio Essais »), 1987, p. 11.
2. Flore Delapalme, *Le Sentiment de vide intérieur. Être présent à soi-même*, Eyrolles, 2013, p. 50.
3. Bruno Bettelheim, *Le Cœur conscient*, trad. L Casseau et G. Lieber-Carreras, Le Livre de Poche 1981.
4. Maurice Clavel, *Nous l'avons tous tué ou Ce juif de Socrate !*, Éd. du Seuil, 1977.

le confirme[1]. C'est cet individu fondamental que le nazisme voulait exterminer. C'est lui que le nihilisme et le désespoir détruisent.

Le mythe de Sisyphe raconte l'histoire d'un homme qui, ayant voulu s'approcher trop près des dieux, se voit condamné à pousser éternellement un rocher sur la pente d'une montagne. Il y a le monde des dieux, qui sont des montagnes et vivent dans l'éternité, et il y a le monde des hommes, qui vivent dans le temps en renouvelant chaque jour le geste de vivre. L'homme-Dieu, qui se présente comme une montagne d'humanisme, de tolérance et de laïcité, vit dans le monde des dieux. Sisyphe, qui pense comme Montaigne à la fin des *Essais* que « si haut que l'on soit assis on n'est jamais assis que sur son cul[2] », vit dans le monde des hommes. Il est beau d'être homme, et non pas une montagne. On ne trône pas sur l'Olympe, mais on n'est pas dur comme la pierre. Aussi faut-il « imaginer Sisyphe heureux », comme le dit Camus à la fin du *Mythe de Sisyphe*[3]. S'il y a en nous un homme-Dieu capable d'étourdir l'homme, il y a un homme capable de vaincre cet homme-Dieu. La tyrannie de celui-ci n'est donc pas une fatalité. C'est ce qu'exprime si bien La Boétie quand il écrit : « Celui qui vous maîtrise tant n'a de plus sur vous que l'avantage que vous lui faites pour vous détruire. Cessez de le soutenir, vous le verrez, tel un grand colosse à qui on a dérobé sa base, de son poids même fondre en bas et se rompre[4]. »

---

1. Robert Antelme, *L'Espèce humaine*, Gallimard (coll. « Tel »), 1995.
2. Michel de Montaigne, *Essais*, éd. C. Pinganaud, Arléa, 2006, p. 851.
3. Albert Camus, *Le Mythe de Sisyphe*, Gallimard (coll. « Folio Essais »), 1987, p. 168.
4. Étienne de La Boétie, *Œuvres politiques, Discours sur la servitude volontaire*, Éditions Sociales, 1971, p. 48.

Table

DU MÊME AUTEUR

(suite)

Dans la collection « Pause Philo »,
aux éditions Milan

Petite philosophie du bonheur, 2002.
Petite philosophie pour jours tristes, 2003.
Petite philosophie grave et légère, 2003.
Dictionnaire de Philosophie, 2004.
Boulevard des Philosophes (2 tomes), 2005.
Petit précis de philosophie, 2005.
Petite précis de morale, 2005.
Petit philosophie de la connaissance, 2006.
De l'utilité de la philosophie, 2006.
Petite philosophie de l'esthétique, 2006.
Dictionnaire philosophique et savoureux du bonheur, 2011.

Les essais
au Passeur Éditeur

Christophe André, Martin Steffens
QUI NOUS FERA VOIR LE BONHEUR ?

Gilles Babinet
L'ÈRE NUMÉRIQUE, UN NOUVEL ÂGE DE L'HUMANITÉ
BIG DATA, PENSER L'HOMME ET LE MONDE AUTREMENT

Isabelle Barth, Yann-Hervé Martin
LA MANAGER ET LE PHILOSOPHE

Marianne Chaillan
LA PLAYLIST DES PHILOSOPHES

Alain Galliari
RICHARD WAGNER OU LE SALUT CORROMPU

Jean-Claude Guilbert
ILS ONT TUÉ TOUS LES HÉROS

Fabrice Hadjadj
PUISQUE TOUT EST EN VOIE DE DESTRUCTION

Alain de La Morandais
LETTRE OUVERTE AUX FIDÈLES
ET AUX REBELLES DE L'ÉGLISE

Yann-Hervé Martin
PETIT TRAITÉ DE LA LIBÉRTÉ INTÉRIEURE

Francis Métivier
ZAPPING PHILO
RAP'N PHILO

François Roche
UN VOYAGE EN ALLEMAGNE

Nathalie Sarthou-Lajus, Jean-Pierre Winter
PEUT-ON CROIRE À L'AMOUR ?

Marc Pierre Stehlin
LETTRE OUVERTE À CEUX QUI NOUS GOUVERNENT
ET NOUS PRENNENT POUR DES C...

CET OUVRAGE A ÉTÉ COMPOSÉ
EN PALATINO CORPS 11,5
PAR NORD COMPO
À VILLENEUVE-D'ASCQ.

ACHEVÉ D'IMPRIMER
PAR L'IMPRIMERIE CPI FIRMIN-DIDOT
À MESNIL-SUR-L'ESTRÉE, EN AVRIL 2015,
SUR PAPIER ENSO CLASSIC 80 G,
POUR LE COMPTE DU PASSEUR ÉDITEUR.

IMPRIM'VERT®

Dépôt légal : mai 2015.
N° d'imprimeur : 128303
Imprimé en France.